AF341330

LA RENAISSANCE

DU

DROIT NATUREL

PAR

J. CHARMONT

PROFESSEUR A LA FACULTÉ DE DROIT DE MONTPELLIER

———— ✠ ————

DEUXIÈME ÉDITION

conforme à la première, avec une préface de

M. Gaston MORIN

PROFESSEUR A LA FACULTÉ DE DROIT DE MONTPELLIER

———— ✠ ————

PARIS

LIBRAIRIE DE JURISPRUDENCE ANCIENNE ET MODERNE

Edouard DUCHEMIN

L. CHAUNY et L. QUINSAC, Successeurs

18, Rue Soufflot (Vᵉ)

—

1927

1887

LA RENAISSANCE

DU

DROIT NATUREL

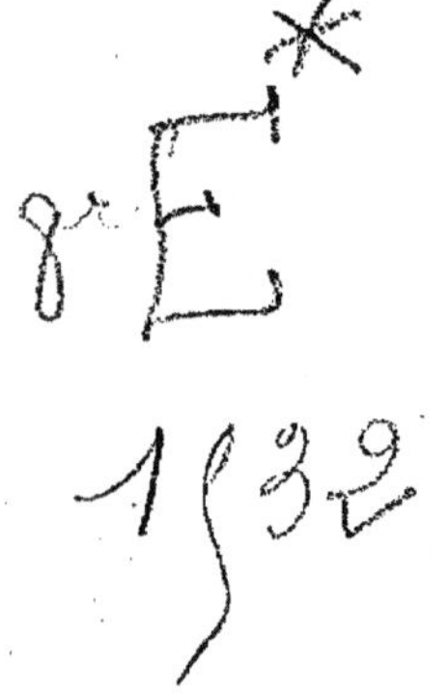

OUVRAGES DE M. J. CHARMONT

Le Droit et l'Esprit démocratique, 1908, Montpellier, Coulet et fils ; Paris, Masson.

Les Transformations du Droit civil, 1921, 2e édit., Paris, Colin.

Les Droits de la Personnalité et les Droits de la Collectivité dans l'œuvre de Saleilles (l'œuvre juridique de Raymond SALEILLES), 1914, Paris, Rousseau.

OUVRAGES DE M. G. MORIN

La Révolte des Faits contre le Code, 1920, Paris, Grasset.

L'Individualisation de la Peine, Étude de criminalité sociale, par M. SALEILLES, 3e édition, avec la collaboration de M. G. MORIN, Paris, Alcan.

La Loi et le Contrat. La décadence de leur souveraineté, 1927, Paris, Alcan.

LA RENAISSANCE

DU

DROIT NATUREL

PAR

J. CHARMONT

PROFESSEUR A LA FACULTÉ DE DROIT DE MONTPELLIER

***

DEUXIÈME ÉDITION

conforme à la première, avec une préface de

M. Gaston MORIN

PROFESSEUR A LA FACULTÉ DE DROIT DE MONTPELLIER

***

PARIS

LIBRAIRIE DE JURISPRUDENCE ANCIENNE ET MODERNE

EDOUARD DUCHEMIN

L. CHAUNY et L. QUINSAC, Successeurs

18, Rue Soufflot (Ve)

—

1927

PRÉFACE

L'ouvrage que l'on va lire méritait une réédition, tant à raison de son importance parmi les études sur le fondement du droit que de la personnalité éminente de son auteur.

Il avait été lu et médité non seulement en France mais à l'étranger, aux Etats-Unis, en particulier, où des jurisconsultes américains l'avaient traduit (1).

Depuis son apparition, il n'a rien perdu de son actualité : Bien au contraire, les œuvres principales des jurisconsultes contemporains accusent, de plus en plus, cette « Renaissance du droit naturel », au sens, où elle était entendue par M. Charmont, de l'affirmation d'un droit supérieur à la volonté du législateur et qui doit servir de directive et d'orientation au droit positif.

Ce livre, très attachant, d'histoire critique des principales doctrines juridiques, depuis la fin du 18e siècle jusqu'à nos jours, révèle nettement quelle est, quant au contenu du droit naturel, la conception personnelle de l'auteur, conception qu'il développe et qu'il applique dans ses deux autres ouvrages essentiels : le droit et

---

(1) Dans le volume intitulé *Modern French Legal Philosophy*, publié par Arthur-W Spencer, Boston, 1916 (the Boston Book Company).

l'esprit démocratique (1) ; *les transformations du droit civil* (2).

C'est ce système particulier de philosophie juridique que nous voudrions, brièvement, mettre en relief :

A sa base, il a y une idée maîtresse, l'idée chrétienne, qui fut aussi celle de la Révolution française, de la valeur sacrée, de l'éminente dignité de la personne humaine.

Charmont aime à se déclarer un individualiste convaincu. Il fait du respect de la personne, de sa liberté, de son développement, le but essentiel du droit.

Mais il donne à son individualisme un accent particulier :

A la différence des philosophes du 18e siècle, ce n'est pas l'homme en dehors du milieu social, dans un état irréel d'isolement, qu'il envisage, mais les hommes tels qu'ils se présentent dans la réalité, c'est-à-dire vivant en société.

Arraché ainsi au domaine de la fiction, l'individu ne peut apparaître comme un souverain, titulaire de droits sans limites; car le droit de l'un se heurte nécessairement au droit de l'autre et s'en trouve diminué.

Le véritable ordre social repose donc sur les devoirs en même temps que sur les droits.

En outre, et sans contradiction avec lui-même, Charmont, dans son individualisme, reconnaît les droits des collectivités, des associations diverses, des syndicats, et principalement de l'État.

---

(1) 1908, Coulet, Montpellier.
(2) 1912, Armand Colin.

Si l'État ne doit plus être, comme dans la Cité antique, la fin dernière des individus, son rôle est grand et nécessaire pour la protection du droit indivi-duel qui est le vrai fondement du droit collectif (1).

C'est qu'il ne suffit pas de proclamer les droits de la personne humaine. Il faut les réaliser.

Ainsi que l'a écrit Louis Blanc, « qu'importe au malade qu'on ne guérit pas, le droit d'être guéri ! ».

En présence des inégalités économiques, le régime juridique de l'égalité de tous devant la loi est un régime de privilège pour les forts.

La protection des faibles devient, dès lors, l'une des hautes missions de l'État.

Et, c'est pourquoi, Charmont, suivant ses propres expressions, « ne subit pas comme une nécessité, mais accepte comme un progrès » les grandes transforma-tions contemporaines du droit qui marquent l'inter-vention grandissante de l'État dans les rapports sociaux : la protection de l'enfant contre les abus de la puissance paternelle, la réglementation légale du tra-vail, les restrictions apportées à la propriété dans l'in-térêt de tous.

« En dépit des inquiétudes et des regrets que peut laisser l'œuvre accomplie, écrivait-il en 1912 (2), elle

---

(1) Selon nous, l'État n'est pas une organisation au service seulement des individus actuellement existants. Expression de la solidarité humaine dans le temps, il représente les droits des générations futures (qui sont encore des droits individuels) à l'égard des générations présentes auxquelles il doit demander des sacrifices, des renoncements.

(2) Les transformations du droit civil. Avant-propos.

nous paraît, dans son ensemble, bienfaisante. Elle tend, en assurant à chacun sa part de droit, à diminuer dans le monde le somme des souffrances injustes » (1).

*
* *

Durant toute sa vie, M. Charmont conforma rigoureusement sa conduite à sa doctrine de justice et de fraternité.

Il se donnait tout entier, insoucieux de ses intérêts, à la défense de la justice, telle qu'elle lui apparaissait.

Il était l'animateur de nombreuses œuvres d'assistance, de celles, en particulier, qui ont pour but la protection de l'enfance.

Ayant eu la faveur d'être admis dans son intimité, d'éprouver le bienfait de son amitié, je puis et je veux dire que sa charité était ardente, qu'il avait une sensibilité extrême devant la souffrance humaine, une intelligence aiguë de toutes les misères de l'âme.

La concordance si parfaite que M. Charmont avait établie en lui entre l'action et la pensée donne à son œuvre une auréole. Elle explique, en même temps, le sentiment de vénération qu'avaient, pour sa personne, tous ceux qui l'ont connu.

Montpellier, le 3 juillet 1927.

Gaston MORIN.

---

(1) Dans cette diminution progressive des inégalités sociales il y a une juste mesure à garder, si l'on est résolu à laisser à l'initiative privée (et non, ainsi que le voudrait le collectivisme, à socialiser, c'est-à-dire à confier à l'Etat,) la production, la gestion et la distribution des richesses.

LA RENAISSANCE

DU

DROIT NATUREL

J'ai cru pouvoir vous proposer comme sujet d'étude la tendance actuelle à revenir aux principes du droit naturel (1). On a déjà plusieurs fois signalé cette tendance. En 1902, dans un des premiers articles de la *Revue de droit civil*, M. SALEILLES (2) parlait de la Renaissance du droit naturel;

---

(1) Ce petit livre est la reproduction, légèrement modifiée, d'une série de leçons faites à la Faculté de droit de Montpellier pendant l'année 1908-1909. Nous n'avons pas essayé d'effacer ce qui dans un exposé est propre à la leçon, ce qui est déterminé par les conditions et les exigences de l'enseignement. Ces conditions, en effet, n'influent pas seulement sur la forme, mais sur la conception et le développement du sujet.

(2) École historique et droit naturel d'après quelques ouvrages récents. (*Revue trimestrielle de droit civil*, 1902, t. I, p. 80-112).

M. Bouglé faisait la même remarque dans son livre sur le *Solidarisme* (1) ; enfin l'auteur d'un livre récent sur la *Crise de philosophie du droit*, M. Eugène Ehrhardt, consacre un de ses derniers chapitres à la Renaissance de l'idéalisme juridique en Allemagne.

Je crains pourtant que ce sujet n'éveille, dans votre esprit, certaines préventions. L'École du droit naturel a laissé un fâcheux souvenir : elle évoque en même temps que quelques noms de juriconsultes, dont on ne lit plus les travaux, une méthode en opposition avec celle de la science et des questions de scolastique juridique qui jouissent d'une vieille réputation d'ennui. Ces préventions sont très injustes. Il se peut que le discrédit de l'École du droit naturel ait été en partie mérité : nous pourrons nous en rendre compte, quand nous étudierons les causes de ce discrédit. Il n'en est pas moins certain que l'École a fait de grandes choses. Elle a fondé le droit constitutionnel, posé les bases, les principes du droit international public et privé, contribué à l'amélioration des lois criminelles. C'est un immense effort qu'on est très tenté d'oublier. La réglementation du droit des gens par voie de conférences et d'accords internationaux n'eût pas été possible, si l'ancienne école du droit naturel n'avait

---

(1) Chap. III, sect. II. *L'Esprit nouveau de la Science du droit*, p. 84.

fourni une sorte d'idéal, un ensemble de principes acceptés par la commune opinion des juristes.

Je ne puis me défendre de penser que, si vous ne vous intéressez pas aux questions que soulève cette étude, ce sera ma faute. Par elles-mêmes, ces questions sont les plus troublantes et les plus passionnantes de notre temps. Il y a même une sorte d'imprudence, de témérité à les aborder, parce qu'elles touchent de trop près aux sujets qui divisent le pays. Au fond, nous différons surtout parce que nous n'avons pas le même sentiment de l'honneur, de la justice et du droit. Et je sens que pour aborder ces questions, j'ai besoin que vous me fassiez crédit, que vous ayez confiance dans mon désir d'être impartial et mesuré.

Comment, par exemple, même après tant d'années écoulées, parler paisiblement de cette Affaire, qui nous a mis moralement en état de guerre civile. Et cependant, ce qui s'agitait dans ce débat, c'est une question de droit naturel, — primordiale à la vérité, — celle de savoir si le droit d'une seule personne peut tenir en échec les intérêts, la vie d'un pays tout entier. Ce n'est pas seulement dans un incident tragique que se pose une pareille question : elle reparaît à chaque instant dans des cas infiniment variés ; elle est constamment discutée dans les livres, dans les journaux, à la tribune du Parlement. Il y a d'un côté, ceux qui mettent au-dessus de tout l'intérêt d'un parti, la raison d'État, de l'autre ceux qui croient à l'existence des droits individuels, droits antérieurs et supérieurs à tous les intérêts. Nous assistons à des conflits multipliés entre la conscience et la loi : intervention de l'armée dans les grèves, question de l'antimilitarisme, questions de politique religieuse, démission à l'occasion des inventaires, refus d'obéissance, poursuite devant les tribunaux militaires, liberté de conscience en opposition avec les visées de la politique coloniale. Constamment ces conflits se renouvellent, mettant aux prises non seulement des citoyens entre eux, mais chaque personne avec elle-même. Un principe unique de solution paraît en effet difficile à trouver et à appliquer : tel approuve le refus d'obéissance dans les grèves et le désapprouve dans les inventaires ; inversement. Il est permis de penser que notre avenir politique dépend en grande partie de la solution qui sera donnée à cette question. Oui ou non, la démocratie réussira-t-elle à mettre au-dessus de toute discussion le respect des droits individuels ; à en faire un principe intangible conciliable avec les progrès de la justice sociale ?

Les mêmes préoccupations dominent les conflits qui s'élèvent entre la famille et l'État. Dans la question du monopole de l'Enseignement, le droit du père de famille s'oppose à l'intérêt supérieur de l'État, qui refuse d'admettre que l'enseignement puisse ébranler des principes qu'il considère comme essentiels. Entre eux, au-dessus d'eux, apparaît le droit individuel de l'enfant, qui n'appartient ni à sa famille ni à l'État, qui aspire à s'appartenir à lui-même, personnalité fragile, encore inconsciente d'elle-même, que ses protecteurs naturels doivent sauvegarder, sans la fausser ni l'asservir.

Enfin, quelle n'est pas la part du droit naturel dans l'interprétation et dans l'application des lois! Dans quelle mesure, l'interprète de la loi, le juge chargé de l'appliquer peuvent-ils, sinon la corriger, tout au moins la compléter, la dépasser par des données empruntées au droit naturel, ou suivant l'expression de M. GENY, à la libre recherche scientifique ? Dans quelle mesure aussi peuvent-ils s'affranchir de la recherche si souvent vaine des intentions de l'auteur de la loi pour substituer à cette volonté incertaine, insaisissable, un idéal de justice et d'équité?

Dans tous ces cas de conflits entre la loi et la conscience individuelle, entre la famille et l'État, entre la loi et l'équité, qu'a-t-on fait, que fait-on continuellement, sinon discuter, agiter des questions de philosophie du droit ?

Avant d'aborder ces controverses, il importe de retracer rapidement l'histoire de l'École du droit naturel, les causes du discrédit dans lequel elle était tombée, les raisons d'être de sa renaissance.

I

L'ÉCOLE DU DROIT NATUREL

AUX XVIIe ET XVIIIe SIÈCLES

Tous les traités de philosophie du droit consacrent une partie importante à l'histoire du droit naturel, aux auteurs et aux doctrines qui l'ont fondé. Je voudrais plutôt essayer d'indiquer le caractère de l'évolution qui s'est produite, dégager la thèse essentielle de l'École, montrer comment elle s'affirme dans la Déclaration des droits de l'homme, comment la philosophie du droit s'efforce de la justifier. Pour consolider le droit individuel, pour lui donner un point d'appui solide, il faut en effet le justifier rationnellement, démontrer qu'il est une donnée, un concept de la raison. C'est KANT qui fait l'effort le plus grand en vue de cette justification : on peut croire qu'il a réussi. Mais bientôt les objections se multiplient, deviennent pressantes. Une réaction tend à se produire : de plus en plus, on est amené à reconnaître que la raison est impuissante à justifier l'idée du droit. A son tour, la science essaye en vain de fonder la morale : elle ne peut donner que l'explication des phénomènes, mais elle est impuissante à fournir une règle d'action. On en vient ainsi à considérer que le droit n'a qu'une fin utilitaire ; ce n'est qu'un moyen destiné à atteindre un but. Mais alors le droit perd toute valeur morale ; il ne mérite pas qu'on s'attache à lui, qu'on se sacrifie pour lui. C'est un simple expédient pratique, qui n'a plus rien de respectable. Nous voilà donc obligés de choisir entre deux explications qui nous choquent profondément : une conception d'un droit idéal supérieur aux lois positives, mais que la raison ne justifie pas ; une notion empirique, qui nous livre à la Raison d'État, au despotisme d'un homme ou d'une assemblée, qui est en réalité la négation de l'idée du droit. C'est ce qui fait la crise de la philosophie du droit : ne peut-on pas pourtant sortir de ce dilemme et par un effort suprême échapper à ces deux termes de l'option ?

C'est au xviie siècle que s'est constituée l'École du droit naturel : on a l'habitude de dire que Grotius est le père du droit naturel. Mais cette idée même de droit naturel est empruntée à l'antiquité. La notion pendant longtemps reste confuse. Etymologiquement *jus* dérivé de *jubere* signifie commandement ordre donné par une autorité : ainsi la justice consiste uniquement à respecter ces ordres et la science du droit à les connaître (1) : on n'aperçoit donc rien au-dessus du droit positif. Sous l'influence

---

(1) Accarias. Dr. Rom. T. I, p. 2.

de la philosophie grecque on est amené à penser que l'idée première du droit est empruntée à la nature, à la raison universelle (1). Pour les jurisconsultes, le droit naturel se confond à peu près avec le droit des gens (2), qui comprend la partie du droit commune aux nationaux et aux étrangers. En réalité les institutions communes à tous les peuples, celles qui ont un caractère d'universalité peuvent être par cela même réputées conformes à la nature et à la raison. Quelques-unes pourtant heurtent notre raison ; ainsi l'esclavage, institution commune à toute l'antiquité, était à la fois conforme au droit des gens et contraire au droit naturel (3). Les jurisconsultes romains semblent bien avoir eu l'idée d'une justice antérieure et supérieure à leurs institutions. Cette idée est nettement exprimée par Cicéron dans le *pro Milone* (4), dans le *de legibus* (5), et dans un

---

(1) V. E. Burle. Essai historique sur le développement de la notion de droit naturel dans l'antiquité grecque.

(2) « Quod vero naturalis ratio inter omnes homines constituit, id apud omnes populos peræque custoditur vocaturque jus gentium, quasi quo jure omnes gentes utuntur ». Gaius. Institu. Com. I. § 1. — Conf. II. § 65.

(3) « Servitus est constitutio juris gentium, quâ quis domino alieno contra naturam subjicitur » f. 4. § I. D. de statu hominum, l. I, t. V, f. 4. de condictione indebiti D. 1. 12. t. 6.

(4) « Est igitur hæc, judices, non scripta, sed nata lex : quam non didicimus, accepimus, legimus ; verum ex naturâ ipsâ

passage souvent cité du *de re publica* (1) : elle se retrouve dans la formule concise de PAUL (2). « *Quod semper œquum ac bonum est jus dicitur, ut est jus naturale* ».

L'antiquité a donc connu la notion d'un droit commun à tous : elle s'est élevée jusqu'à l'idée de l'égalité des hommes, qui condamnait l'esclavage, support de tout le régime économique.

Mais, comme dit BEUDANT (3), l'idée n'aboutit pas, ne se réalise pas. Elle laisse l'individu livré à la

---

arripuimus, hausimus, expressimus : ad quam non docti sed facti, non instituti sed imbuti sumus. » (Oratio pro Milone IV).

(5) « Neque opinione sed natura constitutum esse jus. Non ergo a prætoris edicto, ut plerique nunc, neque a duodecim Tabulis, ut superiores, sed penitus ex intima philosophiâ hauriendam juris disciplinam putàs. » (De Legibus, I. 5).

(1) « Est quidem vera lex, recta tatio, naturæ congruens, diffusa in omnes, constans sempiterna ; quæ vocet ad officium jubendo, vetendo a fraude deterreat ; quæ tamen neque probos frusta jùbet aut vetat, nec improbos jubendo aut vetando movet. Huic legi nec obrogari fas, neque derogari licet,.... neque est quærendus explanator aut interpres ejus alius, nec erit alia Romæ, alia Athenis, alia nunc, alia posthac, sed et omnes gentes et omni tempore una lex et sempiterna et immutabilis continebit,.... cui non parebit ipse se fugiet ac naturam hominis aspernatus, hoc ipso luet maximas pœnas, etiamsi cætera supplicia quæ putantur effugerit. » (De re publica III. 17.)

(2) fr. 11 Dig. de justitia et jure. L. I, t. I.

(3) *Le Droit individuel et l'État*, p. 59.

toute puissance de l'État ; elle ne détruit pas l'esclavage, elle n'empêche ni la cruauté des peines contre les petites gens et les pauvres, ni les mesures de persécution contre les chrétiens. ULPIEN, qui formule de belles maximes sur la justice, prononce, comme préfet du prétoire, d'impitoyables condamnations au nom de la raison d'État.

C'est le Christianisme qui a affranchi l'individu en séparant l'homme du citoyen, le jour où il a dit (1) : « Rendez donc à César ce qui est à César et à Dieu ce qui est à Dieu ». Mais il ne définit ni ne précise le droit de l'individu : il le défend contre l'État, mais le livre à son Église, n'admettant pas de conflit possible entre elle et lui. Appelée à réaliser le bonheur du fidèle, l'Église demeure maîtresse de sa destinée. Ainsi une théocratie se substitue à la toute puissance de l'État. « Je vous prie et requiers que vous déclariez que c'est que Droit vous appelez », dit le Chevalier dans le *Songe du Verger* (2) ; et le clerc répond : « J'appelle et répute pour droit les décrets et décrétales des saints Pères de Rome, qui lient et obligent tous les vrais chrétiens comme sujets de notre sainte Mère l'Église ».

A GROTIUS (*Hugo de Groot* 1583-1645) revient non seulement l'honneur d'avoir renouvelé, en l'empruntant à l'antiquité, la notion du droit naturel,

---

(1) Évangile selon saint Mathieu. Ch. XXII-21.
(2) L. I, ch. VI et VII. Conf. BEUDANT. *Loco cit.*, p. 74.

mais d'avoir « laïcisé » ce droit, de l'avoir affranchi de la théologie, de la souveraine autorité des Pontifes, en essayant d'imposer en même temps une borne à la toute puissance des princes. Dans le premier livre du *Droit de la guerre et de la paix* (1), il définit le droit naturel. « Le droit naturel est une règle qui nous est suggérée par la droite raison, d'après laquelle nous jugeons nécessairement qu'une action est injuste ou morale, selon sa conformité avec la nature raisonnable, et qu'ainsi Dieu, qui est l'auteur de la nature, défend l'une et commande l'autre ». On a pu faire à cette définition bien des critiques ; elle confond le droit et la morale, mais elle contient, dans un temps où règne la violence, l'énergique affirmation d'un droit fondé sur la nature et la raison. A la vérité, GROTIUS reconnaît que le droit fondé sur la raison a, en même temps, une origine divine. Il va cependant jusqu'à dire que le droit naturel ne suppose pas nécessairement établie l'existence de Dieu. « Nous devrions, dit-il (2), admettre le droit naturel, même si l'on concédait, — concession criminelle, — que Dieu n'existe pas ou ne s'occupe pas des affaires humaines ». Il faut surtout lui savoir gré de l'effort qu'il fait pour introduire l'idée du droit dans les relations internationales livrées à la ruse et à la force. « J'ai vu, dit-

----

(1) L. I, ch. I, § 10.

(2) De jure belli et pacis prol. § XI.

il (1), dans tout le monde chrétien un état d'hostilité, qui ferait rougir des Barbares, des guerres commencées sous de futiles prétextes, ou même sans aucun prétexte, et conduites sans respect pour aucune loi divine et humaine, comme si une simple déclaration de guerre devait ouvrir la porte à tous les crimes ».

Pourtant, comme le font observer PAUL JANET (2) et BEUDANT (3), la doctrine de GROTIUS qui, dans son principe, s'oppose essentiellement à celle de HOBBES, s'en rapproche souvent en pratique et fait d'affligeantes concessions. Elle justifie l'esclavage, le despotisme, le droit de conquête. L'homme est libre, de droit naturel, mais peut abdiquer sa liberté par un contrat, ou la perdre par l'effet du droit de la guerre. « La servitude parfaite (4) consiste à être obligé à servir toute sa vie un maître pour la nourriture et toutes les autres choses nécessaires à la vie. Et cette sujétion ainsi entendue n'a rien de trop dur en elle-même, car l'obligation perpétuelle où est l'esclave de servir son maître, est compensée par l'avantage qu'il a d'être assuré d'avoir toujours de quoi vivre ». Si un homme peut aliéner sa liberté, un peuple a la même faculté.

----

(1) Discours préliminaire de jure belli et pacis, § XXIX.
(2) *Histoire de la science politique*, t. 2, p. 353.
(3) *Le droit individuel et l'État*, p. 95.
(4) De jure belli et pacis. L. 2, ch. V, § 27.

Il peut pour assurer sa sécurité ou sa subsistance, se donner un maître, ou se placer sous la dépendance d'un autre peuple.

Il ne faut pas trop reprocher à GROTIUS d'avoir accepté des injustices que ses principes auraient dû condamner. Il a subi l'influence de son temps. Pensionné par le roi Louis XIII, conseiller de la Reine Christine de Suède, il a ménagé les princes temporels (1). Il s'adresse à eux, tout au moins sous forme de prière, à la fin de son *Traité* (2). « Je prie donc Dieu, qui seul en a le pouvoir, qu'il lui plaise de graver ces maximes dans le cœur de ceux à qui sont confiées les affaires de la chrétienté, qu'il lui plaise d'éclairer leurs esprits des lumières du droit divin et du droit humain et de leur inspirer sans cesse cette pensée : qu'ils sont les ministres de Dieu établis pour gouverner les hommes, les plus chères de ses créatures ».

On s'accorde à considérer PUFFENDORF (1632-1694) comme un esprit de qualité médiocre. C'est un disciple de GROTIUS, qui n'a ni sa fermeté ni son originalité de pensée : il a classé et vulgarisé ses idées. Pendant longtemps, professeur à l'Université de Lund, il publie en 1672 son principal ouvrage,

---

(1) Beaucoup de princes favorisaient la Réforme qui les affranchissait des prétentions de la Cour de Rome, mais n'entendaient pas renoncer à leur pouvoir propre et cherchaient au contraire à le rendre absolu.

(2) De jure belli et pacis. L. III, ch. XXV, § 8.

De jure naturæ et gentium. On se faisait alors l'illusion de penser que le droit naturel pouvait être exposé *ex professo* logiquement et méthodiquement : de principes incontestés on dégageait par des déductions rigoureuses la solution de toutes les difficultés imaginables. Un pareil livre, dit LEIBNITZ (1), « on eût pu l'espérer du jugement et de la science de l'incomparable GROTIUS (*incomparabilis Grotii judicio et doctrinâ*) ou du profond génie de HOBBES, si l'un n'eût été distrait par trop de choses, et si l'autre n'eût établi des principes corrompus et ne s'y fut entêté ! » A la vérité, LEIBNITZ n'a pas très bonne opinion de PUFFENDORF ; son livre est loin de répondre à la conception qu'il souhaitait de voir réalisée. Mais il lui paraît encore pour l'usage des étudiants le manuel le plus complet et le moins mauvais, à la condition toutefois de les mettre en garde contre certaines erreurs. Il lui reproche notamment de définir la loi : « le décret par lequel un supérieur oblige celui qui lui est soumis à conformer ses actions à sa volonté ». Une telle définition ne donne-t-elle pas à penser qu'en dehors de la loi elle-même, il n'y a rien de juste ni d'injuste, qu'un souverain peut sans injustice opprimer, dépouiller ses sujets (2) ? PUFFENDORF paraît ainsi

---

(1) Monita quadam ad Samuel Puffendorfi principia. DUTENS. T. IV, p. III, p. 275.

(2) Conf. PAUL JANET. T. II, p. 361.

se rapprocher de HOBBES et se séparer de GROTIUS, qui considérait la justice comme une notion antérieure à la loi. Il faut pourtant reconnaître que dans la pensée de PUFFENDORF, l'autorité de celui qui promulgue la loi n'est légitime que s'il est à la fois fort et juste ; mais il ne distingue pas nettement la justice et la force.

Après GROTIUS et PUFFENDORF l'École est vraiment constituée : elle continue son influence. Ses principaux représentants, dont le souvenir est aujourd'hui bien oublié, n'ont rien de bien original ni de très remarquable : ils font surtout œuvre de traducteurs, de vulgarisateurs. Il nous paraît moins intéressant de mentionner et d'analyser leurs travaux que d'essayer de mesurer leur influence. Au cours du XVIIe et du XVIIIe siècles en France et en Angleterre tout au moins, les grands penseurs n'appartiennent pas à l'École du droit naturel ; il y a pourtant, grâce à elle, un courant d'idées qui circulent à travers l'Europe, se mêlent ou s'opposent aux autres doctrines du temps, les atténuent ou les complètent. C'est un mouvement de second ordre, mais qui est loin d'être négligeable : il agit comme une des causes qui ont contribué à de grands résultats.

En Angleterre, les influences dominantes au XVIIe siècles sont celles de HOBBES et de LOCKE opposées l'une à l'autre. Le premier, contemporain de GROTIUS (1588-1679), théoricien de l'absolutisme, est ce qu'on peut appeler un anti-juriste. Sa doctrine implique la négation absolue de l'idée du droit. On sait qu'un bachelier ès arts de Cambridge, partisan de ses doctrines, voulut en dégager les thèses essentielles et entreprit de soutenir publiquement, au grand déplaisir de Hobbes : que le droit est fondé sur la force, — que la justice dépend de la loi positive, — qu'il faut obéir à la loi de l'État même quand elle est opposée à la loi divine. Hobbes préférait laisser ces conséquences enveloppées dans ses principes, mais elles s'en déduisaient logiquement ; il ne pouvait les désavouer. Selon sa définition, « *jùs naturale est libertas quam habet unusquisque potentia sua ad naturæ suæ conservationem suo arbitrio utendi et per consequens illa omnia quœ ei videbuntur tendere faciendi* » (1). Ainsi le droit est l'ensemble des moyens à l'aide desquels l'homme peut conserver sa vie : le premier, le meilleur de ces moyens, c'est la force. Entre les hommes, la lutte s'impose donc fatalement. Pour imposer la paix, il faut que les individualités se donnent un maître et constituent une autorité au-dessus de laquelle il n'y ait rien.

Tout autre est la conception de Locke, qui a cependant des points communs avec Hobbes, mais qui est si profondément différent de lui par son caractère, par ses opinions. Partisan de la Révolution de 1688, conseiller de Guillaume d'Orange, il

---

(1) *Leviathan*, ch. XIV.

met son influence au service d'une monarchie tempérée, constitutionnelle. C'est un esprit essentiellement mesuré, conciliant : il est à la fois rationaliste et empiriste.

Comme Hobbes, il prend pour point de départ l'état de nature, mais le conçoit tout autrement. C'est pour lui un état de droit plutôt qu'un état de fait : C'est l'état où la liberté se conçoit comme parfaite, où chacun peut disposer de sa personne et de ses biens, sans demander aucune permission, sans dépendre de la volonté d'autrui (1). Mais en fait, les droits des uns sont menacés par la violence et les usurpations des autres ; et c'est pour sauvegarder leurs droits que les hommes fondent des sociétés. Ces sociétés ont uniquement pour fin, la garantie, la protection des libertés individuelles. Le pouvoir est confié à des délégués, qui peuvent désigner eux-mêmes un chef ou un roi, — mais le roi n'a pas une autorité arbitraire. Le peuple reste souverain. Locke opposait cette notion de la souveraineté à la doctrine du droit divin défendue par Robert Filmer. « Quiconque ne veut pas donner à penser que tout gouvernement en ce monde est uniquement le produit de la force et de la violence et que les hommes, dans leur vie en commun, n'ont pas d'autre règle que les bêtes, chez qui règne exclusivement la loi du plus fort et quiconque ne veut pas,

____

(1) Conf. Marion, Locke. *Sa vie et son œuvre*, p. 114.

par une telle doctrine, ouvrir une source intaris-
sable de désordres et de méfaits, de tumultes, de
séditions et de rébellions (toutes choses contre lesquelles pourtant les partisans de cette hypothèse
poussent de si hauts cris), doit, de toute nécessité,
trouver une autre origine du gouvernement, une
autre base du pouvoir politique, enfin une autre
manière de désigner et de connaître les personnes à
qui il appartient, que celles que nous a enseignées
Sir Robert Filmer » (1).

Par sa conception du rôle de la société, Locke
paraît se rattacher à l'École du droit naturel, et
dépasser même en libéralisme plusieurs de ses représentants. Marion (2) signale dans sa doctrine l'influence de Grotius. Il ne faut pas oublier toutefois
que Locke en morale est un utilitaire : c'est là le
trait essentiel qui le différencie des partisans du
droit naturel, qui considèrent le droit comme une
donnée de la raison, comme révélé par Dieu, —
qui sont en somme des idéalistes. Locke, au contraire, ne voit dans le droit qu'un intérêt socialement garanti ; la notion d'obligation morale lui
demeure étrangère : le bien n'est qu'un plaisir
durable, que la sagesse nous apprend à préférer

---

(1) Locke. Two treatises of Government, cité par Marion,
p. 114.

(2) *Loc. citato*, p. 111.

à des plaisirs fugitifs et de courte durée (1). On voit,
là déjà, dit MARION (2), la morale de BENTHAM et
l'arithmétique des plaisirs, « vieux thème épicurien que les Anglais sauront varier de mille manières
et agrandir par la considération de l'intérêt public,
mais dont ils ne verront jamais l'insuffisance théori-
que ». L'utilitarisme de LOCKE n'a pas seulement
pour effet d'abaisser sa conception du droit : elle
limite son libéralisme, toutes les fois qu'un intérêt
social important lui paraît engagé. Partisan de la
tolérance, il déclare cependant qu'on ne tolèrera pas
ceux qui nient l'existence de Dieu, parce que « les
promesses, contrats et serments, qui sont les liens
de la société humaine, n'ont pas de prise sur un
athée » (3). De même, « n'a aucun droit à la tolérance toute secte qui prétendrait à des préroga-

---

(1) « Voici donc ce que je pense : C'est le propre de l'homme
de chercher le bonheur et d'éviter la peine. Le bonheur consiste
dans tout ce qui réjouit et satisfait l'esprit, la peine dans tout
ce qui le trouble, le dérange et le torture. Je ferai donc de ceci
mon affaire : chercher ma satisfaction et en avoir le plus possible ; éviter le déplaisir et l'inquiétude et en avoir le moins
qu'il se pourra. Mais ici je dois avoir soin de ne pas me tromper, car si je préfère un plaisir fugitif à un plaisir durable, il
est clair que je suis contre mon propre bonheur. (Notes du
Common-place book de LOCKE, publiées par LORD KING et
citées par MARION, p. 125).

(2) *Loc. citato*, p. 129.

(3) Essay concerning toleration, cité par MARION, p. 123.

tives exceptionnelles et tendrait à détruire à son profit la liberté politique et l'égalité civile, sous prétexte qu'elle est la vraie religion et la seule orthodoxe » (1).

A la même époque, l'École du Droit naturel est représentée en Angleterre, par des personnalités, qui à côté de Hobbes et de Locke paraissent bien effacées. Richard Cumberland (1632-1718), évêque de Péterborough publie un essai de réfutation du système de Hobbes sous ce titre : *De legibus naturæ disquisitio philosophica*. Il veut établir qu'il existe des vérités naturelles antérieures aux conventions humaines. La morale est fondée sur le devoir de bienveillance. Ce devoir, que Dieu nous prescrit, est la première de toutes les lois, celle qui engendre toutes les obligations soit des peuples, soit des individus entre eux. — En 1723, l'Écossais Carmichael traduit Puffendorf et commente Grotius. Au xviiie siècle, Adam Smith, qui enseigne à Edimbourg et à Glascow la philosophie morale et la logique, fonde une science nouvelle. Sans qu'on puisse dire qu'il appartienne à l'École du droit naturel, vraisemblablement c'est à elle qu'il emprunte sa notion de l'ordre naturel économique, conforme à la raison, — doctrine qui est également celle des physiocrates. Ce n'est pas un des moindres mérites de l'École du droit naturel que d'avoir fourni à

---

(1) *Id., loc. citato*, p. 123.

l'économie politique sa notion primordiale des lois économiques (1).

C'est en Hollande, en Suisse, en Allemagne que l'École du droit naturel vers la fin du XVIIe et pendant tout le XVIIIe siècle compte ses représentants les plus importants : GÉRARD NOODT, BARBEYRAC, BURLAMAQUI.

GÉRARD NOODT, né à Nimègue en 1647, mort en 1725, professeur dans sa ville natale, puis à Utrecht et à Leyde, s'attache à consolider les principes d'une théorie politique libérale. Comme LOCKE, il estime que les hommes, en constituant des sociétés, n'ont pas entendu se dépouiller de tous leurs droits. La résistance à la tyrannie est un droit naturel ; la religion doit être indépendante du pouvoir civil ; la liberté de conscience doit être respectée.

BARBEYRAC est un Français d'origine, que sa confession religieuse condamne à l'émigration et à l'exil. Né à Béziers, en 1674, d'une famille protestante expulsée après la révocation de l'Édit de Nantes, il enseigne à Berlin, Lausanne, Groningue et meurt dans cette ville en 1744. Il commente et vulgarise plutôt qu'il n'innove : traducteur de GROTIUS, de CUMBERLAND, de PUFFENDORF, de NOODT, il contribue à répandre les doctrines de l'École. A l'exemple de LOCKE, il ramène les idées morales à de sim-

---

(1) Conf. GIDE et RIST. *Histoire des doctrines économiques*, p. 6 et sq.

ples rapports de convenance, d'utilité : il croit pourtant à l'existence d'une loi morale révélée directement à la conscience, et obligatoire en vertu d'un ordre de Dieu. C'est notre raison qui nous fait concevoir l'obligation morale, mais c'est par un acte de volonté que nous nous soumettons à cette obligation. Cette volonté qui s'impose à nous est celle de Dieu. Ainsi les athées ne peuvent pratiquer qu'une morale sans obligation.

Contemporain et ami de BARBEYRAC, BURLAMAQUI (1694-1748) enseigne à l'Université de Genève. Son influence est assez grande, mais lui aussi ne fait guère que répandre, vulgariser les doctrines de l'École. Il s'occupe surtout de philosophie politique, considère la société comme destinée à garantir les droits de l'individu, tient le souverain pour inviolable, irresponsable, admet cependant qu'il peut être déposé par le peuple.

Si l'on se demande maintenant quelle était en France, pendant ce temps, l'influence de cette même École du droit naturel, on a peine à la découvrir. Elle existe pourtant, mais elle agit obscurément, silencieusement. Le xviie siècle marque le triomphe de l'absolutisme politique. Au xviiie, le mouvement des idées prépare la chute de la monarchie, la crise de la Révolution, mais aucun des grands esprits, ni MONTESQUIEU, ni ROUSSEAU, ni VOLTAIRE n'adhère à la doctrine essentielle de l'École, l'affirmation du droit individuel. Et cependant, par un contraste frappant, c'est cette doctrine qui inspire un des premiers actes de la Révolution, la Déclaration des droits de l'Homme.

Après l'échec de la Fronde, après la minorité de Louis XIV, la royauté absorbe, en France, tous les pouvoirs. Elle a vaincu la féodalité, brisé la résistance des Parlements ; elle résiste aux prétentions de la Cour de Rome, sans rompre avec elle ; sans créer un véritable schisme, elle réussit à constituer une sorte d'Église nationale. On ne saurait oublier que la doctrine absolutiste est en partie d'inspiration antiromaine (1). Telle qu'elle est exposée par Bossuet dans la *Politique tirée des propres paroles de l'Ecriture*, elle pose comme premier principe que Dieu est le vrai Roi. Mais il établit les rois comme ses ministres et règne par eux sur les peuples. L'autorité royale émane de Dieu : aussi la personne du roi est sacrée. Sans doute les princes ont des devoirs ; la puissance qu'ils tiennent de Dieu, ils ne doivent l'employer que pour le bien public ; ils doivent se faire aimer, connaître la loi, étudier les affaires, et même exposer leur vie pour le salut de leur peuple. Mais ces devoirs ne les obligent qu'envers Dieu ; ils ne peuvent être obligés vis-à-vis de leurs sujets. Le

---

(1) « Elle fait son entrée dans l'histoire comme une arme de circonstance, dirigée surtout contre le pape dont le roi très chrétien s'attache à réduire au minimun l'autorité sur l'Église de France ». Paul Fournier. Compte rendu du livre de Hitier, La doctrine de l'absolutisme (*Revue critique de législation*, 1905, p. 78.

prince ne doit rendre compte à personne de ce qu'il ordonne. On doit le respecter, le servir quel qu'il soit, bon ou méchant ; car il y a une sainteté inhérente au caractère royal, et le prince ne perd pas par ses crimes sa qualité de seigneur. Les sujets doivent donc une entière obéissance, et ne peuvent opposer à la violence des princes que des remontrances respectueuses sans mutinerie et sans murmure, e? des prières pour leur conversion. Il n'y a pas de droits individuels : les droits des sujets ne peuvent être qu'une concession précaire de l'autorité publique. « Vous introduirez le peuple dans la Terre que Dieu lui a promise, dit Moïse à Josué, et vous la leur distribuerez par le sort. De là est né le droit de propriété et, en général, tout droit doit venir de l'autorité publique » (1). « Toute la force est transportée aux Magistrats souverains ; chacun l'affermit au préjudice de la sienne, et renonce à sa propre vie, en cas qu'il désobéisse. On y gagne qu'on retrouve en la personne de ce suprême magistrat, plus de force qu'on n'en a quitté pour l'autoriser, puisqu'on y retrouve toute la force de la nation réunie ensemble pour nous secourir » (2). Nous retrouvons sous cette forme la théorie du contrat social empruntée à HOBBES, reprise plus tard par ROUSSEAU, sorte de thème, de *leit motiv*, se prêtant à d'infinies varia-

---

(1) *Politique.* Liv. 1, art. 3, IVe proposition.
(2) *Politique.* Liv. 1, art. 4, IVe proposition.

tions, et gardant, malgré tout, une certaine similitude d'accent (1).

Mais, dès avant la fin du règne de Louis XIV, contre l'absolutisme politique, quelques voix commencent à s'élever. Elles ne formulent pas des protestations, mais seulement des avis respectueux, de tristes et timides doléances. A une date incertaine, probablement en 1693, une lettre anonyme adressée à Louis XIV et qui paraît bien pouvoir être attribuée à FÉNELON, commence ainsi : « La personne qui prend la liberté de vous écrire n'a aucun intérêt en ce monde. Elle n'écrit ni par chagrin, ni par ambition, ni par envie de se mêler des grandes affaires. Si elle vous parle fortement, c'est que la vérité est libre et forte ». La lettre est très belle, et, comme on l'a dit, presque trop dure, plutôt capable d'irriter le roi que de l'éclairer et de le toucher ; elle dénonce les excès de ce despotisme desséchant qui a détruit les forces morales du pays, de cette politique antichrétienne, d'orgueil, de violence et de mauvaise foi (2). Il ne faut pas cependant s'y tromper. La doctrine de FÉNELON n'est pas au fond différente de celle de BOSSUET. Tous deux croient au droit divin du roi, qui n'a de comptes à rendre qu'à Dieu. A la vérité, FÉNELON, dans *Télémaque* (3), paraît penser qu'il y a

---

(1) ATGER. *Essai sur l'histoire des doctrines du contrat social* p. 197.

(2) GIDEL. *Politique de Fénelon*, p. 22.

(3) Conf. GIDEL, p. 33.

des lois qui s'imposent même aux souverains. Mais
en dernière analyse, il sacrifie tout à l'intérêt public (1). « L'amour du peuple, le bien public, l'intérêt
général de la société est la loi immuable et universelle des souverains. Cette loi est fondée sur la nature
même : elle est la source et la règle sûre de toutes
les autres lois ». Et pourtant par ses tendances, sa
sensibilité, son horreur pour la guerre, son aversion
pour le despotisme et les procédés dont il use, FÉNE-
LON annonce le XVIIIe siècle et l'avènement des philosophes : « grâce à lui, l'esprit, dit PAUL JANET (2),
ne passe pas sans transition de BOSSUET à MONTES-
QUIEU ».

L'apparition de l'*Esprit des lois*, œuvre de génie,
qu'on ne peut guère comparer qu'à la politique
d'ARISTOTE, fixe un moment presque décisif dans
l'histoire des idées. Avec elle, quelque chose commence. Jusqu'alors, tous les traités juridiques n'ont
été que des travaux d'érudition, de commentaire, de
discussion : les institutions, les coutumes, les lois ont
été étudiées en elle-mêmes ; on cherche à préciser
leur sens, à prévoir et régler les difficultés d'application. Tout autre est l'objet de l'*Esprit des lois*.
Pour la première fois, on a rassemblé, comparé une
masse énorme de lois et coutumes de tous pays et de
toute époque, en appliquant à ces documents l'esprit

---

(1) Conf. GIDEL, p. 33 et 95.
(2) *Histoire de la Science politique*, t. IJ, p. 412.

critique et scientifique. On recherche la raison d'être de ces institutions, leurs *causes secondes*, l'influence du temps, du milieu économique et social, des idées, des hommes et des mœurs. C'est une immense enquête de législation comparée. De quels besoins sont nées ces lois ? Quels résultats a donné leur application ? Comment s'est préparée et accomplie la transition, le passage d'un système à l'autre ? « Quand j'ai découvert mes principes, écrit Montesquieu, tout ce que je cherchais est venu à moi, et dans le cours de vingt années, j'ai vu mon ouvrage commencer, croître, s'avancer et finir » (1). Mais les difficultés se multiplient ; l'effort nécessaire pour embrasser cette vaste collection de faits, les classer, en extraire des idées générales, absorbe ses forces et son courage. « Ma vie avance et l'ouvrage recule à cause de son immensité » (2) (1745). « Je suis accablé de lassitude » (3). Les derniers livres achèvent de l'épuiser. « Cela formera trois heures de lecture, mais je vous assure que cela m'a coûté tant de travail que mes cheveux en sont blanchis » (4).

---

(1) Préface de l'*Esprit des lois*. « J'ai posé les principes et j'ai vu les cas particuliers s'y plier comme d'eux-mêmes, les histoires de toutes les nations n'en être que les suites et chaque loi particulière liée avec une autre loi, ou dépendre d'une autre plus générale. »

(2) Montesquieu. *Lettres*. Éd. Lyon, 1792, t. VII, 177.

(3) Lettre à Mgr. Cerati, 31 mars 1747. *Loco cit.*, p. 210.

(4) Lettre à Mgr. Cerati. Éd. Paris, 1820, t. IV., p. 356.

A la grandeur de l'œuvre, on peut comparer son influence. « Introduire l'équité et l'humanité dans les lois criminelles, abolir l'esclavage et la traite des noirs, mettre fin aux autodafés et aux persécutions religieuses, tels sont les trois objets poursuivis avec passion, défendus avec éloquence, et enfin obtenus de la raison des peuples et de celle des gouvernements par Montesquieu » (1). Pour la cause de la tolérance, il partage avec Voltaire l'honneur de la lutte et du succès ; pour l'esclavage des noirs, il a porté à l'institution les premiers coups et les plus rudes.

Il envisage d'abord en politique et d'une façon pour ainsi dire objective la question de la tolérance religieuse. Il s'attache à montrer que les guerres religieuses constituent une inutile déperdition de la force d'un pays ; si les adversaires sont impuissants à se supprimer, il faut qu'ils sachent se supporter. « Voici donc le principe fondamental des lois politiques en fait de religion. Quand on est maître de recevoir dans un État une nouvelle religion ou de ne pas la recevoir, il ne faut pas l'établir ; quand elle y est établie, il faut la tolérer » (2). Les motifs de raison et d'humanité, Montesquieu ne les donne pas lui-même : il suppose à l'occasion de l'autodafé d'une jeune juive brûlée à Lisbonne, une humble remon-

---

(1) Janet. *Science politique*, t. V. p. 504.
(2) Livre XXV, ch. X.

trance adressée par un juif aux inquisiteurs d'Espagne et de Portugal (1).

On sait quelle était la cruauté de l'ancienne législation pénale (2). Des peines atroces excitaient de rares réprobations, et ceux qu'elles impressionnaient se persuadaient qu'elles étaient nécessaires. L'honneur de MONTESQUIEU n'est pas seulement d'avoir senti et fait sentir l'inhumanité de ces peines, mais d'en avoir compris l'inefficacité. « L'expérience a fait remarquer que dans les pays où les peines sont douces, l'esprit du citoyen en est frappé, comme il l'est ailleurs par les grandes. Quelque inconvénient se fait-il sentir dans un État ? Un gouvernement violent veut soudain le corriger ; et, au lieu de songer à faire exécuter les anciennes lois, on établit une peine cruelle qui arrête le mal sur-le-champ. Mais on use le ressort du gouvernement : l'imagination se fait à cette grande peine, comme elle s'était

---

(1) *Esprit des lois*. L. XXV, ch. XIII.

(2) « Au moment où la Révolution française éclata, la peine de mort avec toutes les variétés de son application, telles que la potence, la roue, le bûcher, embrassait cent quinze cas différents et les crimes et délits, qui échappaient au dernier supplice, étaient punis de la mutilation d'un membre, de l'empreinte du fer rouge, de la section de la lèvre ou de la langue, de la flétrissure et de tous les raffinements qu'une cruauté ingénieuse s'était plu à inventer ». (Rapport de BÉRENGER à la Chambre des pairs, le 27 avril 1847, cité dans son rapport à l'Académie des Sciences morales et politiques sur la répression pénale, p. 341. Paris 1855).

faite à la moindre ; et comme on diminue la crainte pour celle-ci, l'on est bientôt forcé d'établir l'autre dans tous les cas. Les vols sur les grands chemins étaient communs dans quelques états ; on voulut les arrêter ; on inventa le supplice de la roue qui les suspendit pendant quelques temps. Depuis ce temps, on a volé comme auparavant sur les grands chemins » (1).

Enfin MONTESQUIEU a jugé et condamné l'esclavage des noirs, s'affranchissant des préjugés de son temps et montrant l'inanité de ces préjugés, le peu de valeur des motifs qu'on invoque quand on essaye de justifier une pareille institution. Ainsi, nous savons que GROTIUS (2) voit dans l'esclavage une conséquence du droit de la guerre et de la liberté des contrats. « Il est faux, répond MONTESQUIEU, qu'il soit permis de tuer dans la guerre, autrement que dans le cas de nécessité ; mais dès qu'un homme en

---

(1) Liv. VI, ch. XII. — Conf. ch. XIII. *Impuissance de lois japonaises.* — V. aussi sur la torture ; ch. XVII : « Nous voyons aujourd'hui une nation très policée (la nation anglaise) la rejeter sans inconvénient. Elle n'est donc pas nécessaire par sa nature. Tant d'habiles gens et tant de beaux génies ont écrit contre cette pratique, que je n'ose parler après eux. J'allais dire qu'elle pourrait convenir dans les gouvernements despotiques, où tout ce qui inspire la crainte entre plus dans les ressorts du gouvernement ; j'allais dire que les esclaves chez les Grecs et chez les Romains... Mais j'entends la voix de la nature, qui crie contre moi ».

(2) *De jure belli et pacis,* l. 2, ch. V, § 27 et sq.

a fait un autre esclave, on ne peut pas dire qu'il ait été dans la nécessité de le tuer, puisqu'il ne l'a pas tué. — Il n'est pas vrai qu'un homme libre puisse se vendre. La vente suppose un prix : l'esclave se vendant, tous ses biens rentreraient dans la propriété du maître ; le maître ne donnerait donc rien et l'esclave ne recevrait rien... Si un homme n'a pu se vendre, encore moins a-t-il pu vendre son fils qui n'était pas né ; si un prisonnier de guerre ne peut être réduit en servitude, encore moins ses enfants » (1). Il ne donne point de raisons de sentiment, ou s'il y fait allusion ce n'est qu'en usant d'ironie. « Il est impossible que nous supposions que ces gens-là soient des hommes, parce que si nous les supposions des hommes, on commencerait à croire que nous ne sommes pas nous-mêmes chrétiens » (2). Ce qu'il veut, c'est rendre sensible l'inutilité et les dangers de l'esclavage (3).

---

(1) Liv. XV, ch. 2.

(2) Liv. XV, ch. 5.

(3) « Il n'y a point de travail si pénible qu'on ne puisse proportionner à la force de celui qui le fait, pourvu que ce soit la raison et non pas l'avarice qui le règle ». (L. XV, ch. VIII). « Ces hommes qu'on a la prétention de traiter comme des choses sont très vigoureux, souvent plus vigoureux et plus courageux que leurs maîtres. Le maître incapable de travailler et de se défendre finit par être à la merci de ses esclaves et ne peut se protéger que par des lois de soupçon et de cruauté d'ailleurs inutiles ; — tel le sénatus-consulte Silanien qui établit que

Malgré de si grands services rendus à la cause de l'humanité et du progrès du droit, MONTESQUIEU ne s'est pas soucié de justifier le droit individuel. Il reste étranger, indifférent aux préoccupations de l'École du droit naturel. — *L'Esprit des lois* ne recherche pas le fondement du droit. La définition un peu obscure des lois, — « rapports résultant de la nature des choses », équivaut à dire qu'elles sont le produit, la résultante des besoins éprouvés par l'homme dans tel ou tel milieu. Il n'y a là qu'une conséquence de la relativité universelle. Les lois « sont relatives à la nature et au principe du gouvernement ; elles sont relatives au physique du pays, au climat glacé, brûlant et tempéré, à la qualité du terrain, à sa situation, sa grandeur, au genre de vie des peuples, laboureurs, chasseurs, ou pasteurs ; elles doivent se rapporter au degré de liberté que la constitution peut souffrir, à la religion de leurs habitants, à leurs inclinations, à leurs richesses, à leur nombre, à leur commerce, à leurs mœurs, à leurs manières.

Enfin, elles ont des rapports entre elles ; elles en ont avec leur origine, avec l'objet du législateur, avec l'ordre des choses, sur lesquelles elles sont établies. C'est dans toutes ces vues qu'il faut les consi-

---

lorsque un maître serait tué, tous les esclaves, qui étaient sous le même toit ou dans un lieu assez prêt de la maison pour qu'on pût entendre la voix d'un homme, seraient sans distinction condamnés à mort ». (L. XV, ch. 16).

dérer » (1). C'est cette recherche ainsi comprise que poursuit l'*Esprit des lois*, la recherche de ce que PAUL JANET (2) appelle les causes *secondes et moyennes du droit*. Mais la cause première nous échappe : elle reste hors notre portée. Le droit apparaît toujours à MONTESQUIEU comme l'expression des idées et des besoins d'un temps ou d'un pays donné ; ainsi tout s'explique et tout se justifie par une sorte de fatalisme historique dont MONTESQUIEU pourtant, dans certains cas, s'est affranchi. Son esprit si judicieux, si compréhensif manque un peu d'élévation. Dans le court chapitre intitulé *ce que c'est que la liberté* (3), l'illustre écrivain commence par dire que la liberté politique ne consiste point à faire ce que l'on veut, mais seulement ce que l'on *doit vouloir*. C'est une notion très admissible, mais dont on est surpris de voir tirer cette conséquence : « La liberté est le droit de faire tout ce que les lois permettent » (4), de telle sorte qu'il n'y a rien au-dessus de la loi positive. MONTESQUIEU ne paraît pas s'inquiéter de savoir par qui et comment la loi est faite (5) : il ne voit que l'anarchie possible si un citoyen peut faire ce que la loi défend.

-----

(1) Liv. I, ch. 3.

(2) T. 2, p. 448. Conf. BEUDANT, p. 118.

(3) Livre XI, ch. III.

(4) L. XI, ch. III.

(5) JANET. T. 2, p. 484.

La question du droit de propriété tient peu de place dans l'*Esprit des lois* (1) : la propriété n'est qu'une concession de la loi. MONTESQUIEU se borne à exprimer le vœu que les principes du droit politique restent étrangers à la solution des questions qui dépendent du droit civil. Il n'est pas désirable qu'on puisse pratiquer l'expropriation ou la confiscation dans un but politique : « Le bien public est toujours que chacun conserve invariablement la propriété que lui donnent les lois civiles ». Ici encore l'intérêt social paraît bien être le seul principe dominant.

Un tel principe n'oppose pas de forte résistance à l'intervention de l'État. MONTESQUIEU donne à penser que l'État peut à son gré répartir et régler les fortunes, réglementer le luxe, édicter des lois somptuaires (2). « Pour que les richesses restent également partagées, il faut que la loi ne donne à chacun que le nécessaire physique. Si l'on a au delà, les uns dépenseront, les autres acquerront, et l'inégalité s'établira » (3). Rien en cela ne lui semble choquant : tout au plus estime-t-il qu'il convient de tout réglementer avec mesure. On peut en dire autant des réflexions sur les crimes d'hérésie. Il nous montre par un certain nombre d'exemples le danger et l'inutilité de ces accusations. Comme l'incrimination « ne porte pas

---

(1) L. XXVI, ch. XV.
(2) L. VII.
(3) L. VII, ch. I.

directement sur les actions d'un citoyen, mais plutôt sur l'idée que l'on s'est faite de son caractère, elle devient dangereuse à proportion de l'ignorance du peuple, et pour lors un citoyen est toujours en danger, parce que la meilleure conduite du monde, la morale la plus pure ne sont pas des garants contre les soupçons de ces crimes » (1). De là cette conclusion prudente : « je n'ai point dit ici qu'il ne fallait point punir l'hérésie ; je dis qu'il faut être très circonspect à la punir » (2).

Rousseau moins encore que Montesquieu ne nous paraît pas avoir appartenu à l'École du droit naturel. Au reste (3), « quand on cherche la place de Rousseau dans le mouvement général des idées de son temps, et par rapport aux Écoles des philosophes et des publicistes, on ne la trouve nulle part ». Il est impossible pourtant de ne pas s'arrêter à lui, — d'abord parce qu'on ne peut pas éviter de le mettre en cause lorsqu'on se demande pourquoi la Révolution qui commence par être une grande affirmation du droit n'est plus bientôt qu'une tyrannie. N'est-ce pas lui qui l'a entraînée, exaltée, dévoyée (4) ? Il n'est pas non plus indifférent de constater l'in-

---

(1) L. XII, ch. V.

(2) L. XII, ch. V. *in fine.*

(3) Renouvier. *Philosophie analytique de l'histoire,* t. 3, p. 630.

(4) Conf. Beudant, p. 150.

fluence (1) de ROUSSEAU sur KANT, le plus grand représentant de l'École du droit naturel.

L'histoire de la vie et de la doctrine de ROUSSEAU montre trop bien quelles erreurs et quelles fautes peut commettre celui qui se soustrait au contrôle de l'expérience et met la logique déductive au service du sentiment. Et pourtant, comment comprend-on qu'un homme à ce point jaloux de son indépendance, la regardant comme le premier et le plus grand des biens, prêt à lui sacrifier tous les autres, ait été peut-être inconsciemment et contre son gré le redoutable théoricien de l'absolutisme.

On sait que son premier principe est la croyance à la bonté naturelle de l'homme. C'est la loi, la civilisation qui l'a rendu méchant et malheureux. Il faut donc s'efforcer de refaire l'organisation sociale, de

---

(1) Cette influence est bien mise en lumière dans le beau livre de M. DELBOS (*La Philosophie pratique de Kant*, p. 115 et sq.) Dans l'esprit de KANT, ROUSSEAU a opposé à l'intellectualisme la puissance du sentiment : « Je suis par goût un chercheur. Je sens la soif de connaître la vérité tout entière, le désir inquiet d'étendre mon savoir ou encore la satisfaction de tout progrès accompli. Il fut un temps où je croyais que tout cela peut constituer l'honneur de l'humanité et je méprisais le peuple qui est ignorant de tout. C'est ROUSSEAU qui m'a désabusé. Cette illusoire supériorité s'évanouit : j'apprends à honorer les hommes, et je me trouverais bien plus inutile que le commun des travailleurs, si je ne croyais que ce sujet d'étude peut donner à tous les autres une valeur qui consiste en ceci : faire ressortir les droits de l'humanité. » (KANT, VIII, p. 624).

façon à abolir les vices de la civilisation actuelle (1),
et à régénérer l'humanité au besoin par la contrainte.

On a bien des fois tenté de suivre la pensée de
ROUSSEAU, d'expliquer comment et à quel moment
s'opère la transmutation qui convertit en une conclusion absolutiste une donnée ultra-individualiste. Sans
essayer de renouveler l'épreuve, prenons pour guide
LABOULAYE (2) ou BEUDANT (3).

L'idée primordiale, c'est le respect et la valeur
inappréciable de la liberté. « Renoncer à sa liberté,
c'est renoncer à sa dignité d'homme, aux droits de
la liberté même, à ses devoirs. Il n'y a nul dédomma-
gement possible pour quiconque renonce à tout. Une
telle renonciation est incompatible avec la nature de
l'homme et c'est ôter toute moralité à ses actions
que d'ôter toute liberté à sa volonté » (4). Mais cette
liberté a besoin d'être sauvegardée, garantie, il faut
des conventions et des lois pour empêcher le juste
d'être opprimé par le méchant. Quel est donc le but ?
« Trouver une forme d'association qui défende et protège de toute la force commune la personne et les
biens de chaque associé et par laquelle chacun se donnant à tous n'obéisse pourtant qu'à lui-même, et reste

---

(1) DELBOS. P. 128, n° 1.

(2) *Trente ans d'enseignement au Collège de France*, p. 235
et sq.

(3) *Loc. citato*, p. 154.

(4) *Contrat social*. L. I, ch. IV.

aussi libre qu'auparavant » (1). Ainsi posé, le problème est insoluble. Il est impossible de concevoir qu'un homme qui abdique tous ses droits reste aussi libre qu'il l'était avant cette aliénation, parce qu'il acquiert en échange quelque part de souveraineté. Mais pourquoi cette abdication ? Elle s'impose à l'esprit de Rousseau parce que l'individu ne peut se réserver certains droits, sans devenir en cas de conflit avec la société, juge dans sa propre cause. Toute réserve mène à l'anarchie. « S'il restait quelques droits aux particuliers, comme il n'y aurait aucun supérieur commun qui pût prononcer entre eux et le public, chacun, étant en quelque point son propre juge, prétendrait bientôt l'être de tous ; l'état de nature subsisterait, et l'association deviendrait nécessairement tyrannique ou vaine » (2). L'habile et subtil logicien ne pouvait pas ne pas apercevoir la *crux juris* du droit individuel, la difficulté de trouver une solution satisfaisante aux conflits qui vont s'élever entre la société et l'individu, entre la conscience et la loi. Il n'y a pas pour lui de moyen terme, et puisqu'il faut opter entre l'anarchie et l'absolutisme, il préfère encore l'absolutisme. Il essaye pourtant de se faire illusion en se représentant la *volonté générale*, comme une entité souverainement éclairée, souverainement impartiale, non comme la somme des volontés parti-

---

(1) *Contrat social.* L. I, ch. VII.
(2) *Contrat social.* L. II, ch. VI.

culières. « Il y a bien souvent de la différence entre
la volonté de tous et la volonté générale ; celle-ci ne
regarde que l'intérêt commun, l'autre regarde l'intérêt privé et n'est qu'une somme de volontés particulières » (1). Mais en fait, rien ne saurait empêcher que
cette volonté ne soit celle des gouvernants, ce qui
ne veut même pas dire nécessairement la volonté de
la majorité des citoyens. Ainsi, après les insurrections
du 31 mai et du 2 juin 1793, après la proscription des
Girondins votée sous les menaces des sections, la
Convention n'est plus l'expression de la volonté générale, la représentation de la nation : son gouvernement n'est qu'une dictature populaire exercée par
une minorité au nom de la raison d'État.

Quand on prétend rendre J.-J. ROUSSEAU responsable des violences révolutionnaires, on oublie, dit
JANET (2), que ces violences, cette tyrannie sont la
violation et non pas l'application de la doctrine de
la souveraineté du peuple. A cette objection, BEU-
DANT (3) répond très justement, que si ROUSSEAU a
condamné cette usurpation, sa doctrine l'a rendue
inévitable et singulièrement dangereuse, en niant
le droit individuel, en sacrifiant à l'intérêt social,
la conscience (4), les biens (5), la vie (6) des citoyens,

____

.(1) *Contrat social*. L. II, ch. III.

(2) T. II, p. 459.

(3) *Loc. cit.*, p. 160.

(4) « Il y a une profession de foi purement civile, dont il appartient au souverain de fixer les articles, non pas précisément

en refusant d'admettre qu'on puisse discuter non seulement les droits, mais la légitimité du souverain. N'a-t-il pas écrit : « Le souverain par cela seul qu'il est, est toujours ce qu'il doit être » (1).

---

comme dogmes de religion, mais comme sentiments de sociabilité, sans lesquels il est impossible d'être bon citoyen ni sujet fidèle. Sans pouvoir obliger personne à les croire, il peut bannir de l'État quiconque ne les croit pas ; il peut le bannir non comme impie, mais comme insociable, comme incapable d'aimer sincèrement les lois, la justice et d'immoler au besoin sa vie à son devoir. Que si quelqu'un après avoir reconnu publiquement ces dogmes se conduit comme s'il ne les croyait pas, qu'il soit puni de mort ; il a commis le plus grand des crimes, il a menti devant les lois. » (*Contrat social.* L. IV, ch. VIII.)

(5) « L'État, à l'égard de ses membres, est maître de tous leurs biens par le *Contrat social*, qui, dans l'État, sert de base à tous les droits. » (*Contrat social.* L. III, ch. IX.)

(6) « Si la volonté générale dit à un individu, il est expédient que tu meures, il doit mourir, puisque ce n'est qu'à cette condition qu'il a vécu en sûreté jusqu'alors, et que sa vie n'est pas seulement un bienfait de la nature, mais un don conditionnel de l'État. » (*Contrat social.* L. II, ch. V.)

(1) *Contr. soc.* L. I, ch. VII.

II

L'AFFIRMATION ET LA JUSTIFICATION
DU DROIT NATUREL

(LA DÉCLARATION DES DROITS DE L'HOMME, LA DOCTRINE DE KANT)

Comment passer sans transition de cette conception absolutiste à la doctrine qui a inspiré la Déclaration des droits de l'homme. L'une paraît l'antithèse de l'autre. Il ne faut pas pourtant se prononcer trop vite. Le problème de l'origine de la Déclaration reste obscur et très discuté : sans nous engager trop avant dans cette controverse, essayons d'apercevoir le caractère dominant des principes de 1789.

La première préoccupation des États-Généraux, constitués le 17 juin en Assemblée nationale par le vote des députés des communes, lorsque après un vain essai de résistance, le roi ordonna le 27 juin la réunion des Trois Ordres, fut de donner à la France une constitution.

Le 6 juillet, l'Assemblée accepte la proposition de désigner un Comité chargé de préparer le travail : ce comité est nommé le même jour ; il est composé de

30 membres élus par les bureaux. Le 9 juillet, Mou-
NIER rend compte des premiers travaux du comité : il
propose de faire précéder la constitution en prépa-
ration d'une Déclaration des droits de l'homme, qui
en sera le préambule. « Après la déclaration des droits
dont les hommes doivent jouir dans toutes les sociétés, on passerait aux principes qui constituent la
véritable monarchie, ensuite aux droits du peuple
français » (1). Deux jours après, un député, le marquis
de LAFAYETTE, soumet à l'Assemblée un projet de
déclaration, qui est renvoyé à l'examen des bureaux.
Le rapporteur sur ce projet s'exprime ainsi (2) :
« M. de LAFAYETTE a établi deux utilités pratiques
d'une Déclaration des droits. La première est de rappeler les sentiments *que la nature a gravés* dans le
cœur de tous les hommes, mais qui prennent une
nouvelle force, lorsqu'ils sont solennellement recon-
nus par une nation : développement d'autant plus
intéressant que, pour qu'une nation aime la liberté,
il suffit qu'elle la connaisse ; pour qu'elle soit libre, il
suffit qu'elle le veuille. La deuxième est d'exprimer
ces vérités d'où doivent découler toutes les institutions et de devenir dans les travaux des représentants
de la nation un guide fidèle qui les ramène toujours
à la source du droit naturel et social. » Il est intéres-

---

(1) Déclaration des droits de l'homme. ÉD. HACHETTE, 1900,
p. 21.

(2) *Id.*, p. 24 ; *Id.*, p. 26.

sant de comparer ce projet au texte définitivement adopté : il en forme en quelque sorte le *schéma* (1). « La nature a fait les hommes libres et égaux ; les distinctions nécessaires à l'ordre social ne sont fondées que sur l'utilité générale. — Tout homme naît avec des droits inaliénables et imprescriptibles ; tels sont la liberté de toutes les opinions, le soin de son honneur et de sa vie, la disposition entière de sa personne et de son industrie, de toutes ses facultés, la communication de ses pensées par tous les moyens possibles, la recherche du bien-être et la résistance à l'oppression. L'exercice des droits naturels n'a de bornes que celles qui en assurent la jouissance aux autres membres de la société. Nul homme ne peut être soumis qu'à des lois consenties par lui ou ses représentants, antérieurement promulguées et légalement appliquées. Le principe de toute souveraineté réside dans la nation. Nul corps, nul individu ne peut avoir une autorité, qui n'en émane expressément. » Dans les 17 articles de la Déclaration adoptée par l'Assemblée du 20 au 26 août, acceptée par le Roi le 5 octobre, on retrouve à peu près les mêmes idées, parfois les mêmes formules. Le texte est à la fois plus développé et plus concis. On a multiplié les dispositions tendant à prévenir l'arbitraire dans la justice. D'une façon générale, la rédaction est améliorée ; elle a plus de précision, plus de relief (2). Art. 1er. Les hommes

---

(1) *Id.*, p. 26.
(2) *Id.*, p. 6.

naissent et demeurent libres et égaux en droits. Les distinctions sociales ne peuvent être fondées que sur l'utilité commune. — Art. 2. Le but de toute association politique est la *conservation des droits naturels et imprescriptibles de l'homme*. Ces droits sont : la liberté, la propriété, la sûreté et la résistance à l'oppression ». Il n'est guère possible de retrouver l'origine de cette rédaction : on a fait des emprunts à d'autres propositions que celles de Lafayette, aux projets de Mounier, de Sieyès, à celui du Comité des Cinq. Souvent, au cours de la discussion, un article est substitué au texte présenté par le bureau. On peut faire encore une double observation. D'une part, le vote d'une déclaration des droits répondait aux vœux exprimés dans un grand nombre de cahiers (1). Quelques-uns, celui du Tiers-État de la ville de Paris, celui du bailliage de Nemours ne se bornent pas à réclamer l'adoption d'une Déclaration, ils proposent une formule de rédaction, dans laquelle on retrouve quelques-unes des dispositions du texte définitivement accepté. En second lieu, ces déclarations avaient des précédents importants et connus : les *acts* qui ont fondé le droit constitutionnel anglais, la Grande Charte, le Bill des droits de février 1689, l'acte d'établissement du 12 juin 1707, voté sous Guillaume III, « for better securing the rights and Liberties of the subjects ». Elles présentent une ana-

---

(1) *Id.*, p. 20.

logie beaucoup plus marquée avec les *Bills of rights* américains, la Proclamation d'Indépendance du Congrès de Philadelphie, et surtout les Déclarations de droits précédant les constitutions des différents États particuliers de l'Union : la plus ancienne est celle de l'État de Virginie, qui en 1776 fait précéder sa constitution de la déclaration des droits, « qui nous appartiennent à nous et à nos descendants, et qui doivent être considérés comme la base fondamentale de notre Gouvernement » (1). On trouve d'autres déclarations dans les constitutions des États de Pennsylvanie, Maryland, Caroline du sud, Vermont, Massachusetts, New-Hampshire dont les dates se placent entre septembre 1776 et octobre 1783. JELLINEK (2) fait remarquer qu'au commencement de la Révolution, ces nouvelles constitutions américaines étaient connues : elles avaient fait l'objet de deux traductions, l'une en Suisse (1778), l'autre en France (1783). Il n'est pas douteux que non seulement l'idée, mais certaines dispositions du projet LAFAYETTE et du texte définitivement adopté n'aient été, au moins en partie, empruntées à ces bills of right américains. On en voit une preuve directe dans ce passage d'un rapport de l'Archevêque de Bordeaux, CHAMPION DE CICÉ, qui explique pourquoi le Comité a cru devoir faire précéder la constitution par une déclaration de droits.

---

(1) *Id.*, p. 11.

(2) La Déclaration des droits de l'homme, trad. FARDIS, p. 18.

« Cette noble idée, conçue dans un autre hémisphère, devait de préférence se transplanter d'abord parmi nous. Nous avons concouru aux événements qui ont rendu à l'Amérique septentrionale sa liberté : elle nous montre sur quels principes nous devons appuyer la conservation de la nôtre ; et c'est le Nouveau monde où nous n'avions autrefois apporté que des fers, qui nous apprend aujourd'hui à nous garantir du malheur d'en porter nous-mêmes » (1). Une autre preuve plus frappante résulte des rapprochements entre le texte de la Déclaration française et celui des Déclarations américaines. M. JELLINEK a fait minutieusement cette comparaison : bornons-nous à citer ce seul exemple. En regard de l'article 1er de la Déclaration de 1789 (2), reproduisons l'article 1. de la Déclaration de l'État de Virginie (3).

---

(1) *Déclaration des droits*. Ed. HACHETTE, p. 34.

(2) « Tous les hommes naissent libres et égaux en droits. Les distinctions sociales ne peuvent être fondées que sur l'utilité commune. »

(3) « Tous les hommes naissent également libres et indépendants, et ont des droits naturels et inhérents à leurs personnes, dont ils ne peuvent, par quelque convention que ce soit, priver ni dépouiller leurs descendants ; telles sont la vie et la liberté, avec tous les moyens d'acquérir et de posséder les biens, de chercher et d'obtenir le bonheur et la sûreté. » (P. 11).

Quelle conclusion peut-on tirer de cette comparaison ? On sait quelle est la thèse de JELLINEK. Son point de départ appuyé sur ces rapprochements, c'est que la Déclaration des droits de l'homme n'a pas de valeur originale ; c'est une copie des Déclarations américaines. Mais comment s'étaient formées les conceptions d'où sont sorties les Déclarations d'Amérique ? Sans doute, les doctrines des philosophes LOCKE, MONTESQUIEU, PUFFENDORF ont eu sur ces conceptions une grande influence. JOHN WISE, qui publie, en 1772, à Boston, *Vindication of the Governement of New England Churches*, ne fait guère que divulguer, propager la doctrine de PUFFENDORF. Mais l'idée qui sera la base, le point d'appui du système des *Bills of rights*, c'est celle de la liberté religieuse. C'est pour la défense de leur foi qu'en 1620 les passagers de *la Mayflower* se condamnaient à l'expatriation ; c'est la liberté de conscience qui a été la source et l'inspiratrice de toutes les autres. C'est donc à la Réforme que revient l'honneur d'avoir suscité le mouvement qui aboutit à la proclamation des Droits de l'homme. Or la Réforme est d'origine allemande : c'est en Allemagne également qu'est née et s'est conservée une notion du droit de l'État opposée à la doctrine de l'antiquité. L'idée que l'État a des limites, ne crée pas le droit individuel, ne fait que le constater, le reconnaître, vient en réalité de l'individualisme germanique. Ainsi c'est, en dernière analyse, d'une source allemande que dérive le courant de la Déclaration des droits : c'est une erreur grossière que de voir dans cette Déclaration une manifestation de l'esprit latin. L'auteur de cette démonstration visiblement tendancieuse ne concède même pas à la Déclaration de 1789 le mérite de la forme : « Plusieurs écrivains, dit-il, relèvent, d'une façon élogieuse, la manière brève et concise, ainsi que le caractère positif de la Déclaration d'indépendance en face du verbiage obscur et du doctrinarisme de la Déclaration française » (1).

C'est un jugement bien fait pour nous surprendre. On conçoit qu'on reproche à la Déclaration française, comme l'a fait TAINE, d'énoncer des principes abstraits, des dogmes métaphysiques, au lieu d'avoir formulé « des prescriptions positives, qui peuvent servir de support à des réclamations judiciaires » (2). Mais nier le relief, la force de la formule qui a tellement contribué à la propagation de la doctrine, c'est ne pas se rendre à l'évidence (3). « Comment est-il possible qu'on refuse à notre Déclaration la concision et la brièveté et qu'on la qualifie de verbiage obscur ? Il faut, en vérité, l'avoir lue bien légèrement ou avec des yeux singulièrement prévenus pour ne pas y reconnaître et y admirer un style sobre, simple, nerveux, vibrant, un style digne de ROUSSEAU » (4).

---

(1) JELLINEK. *Loc. cit.*, p. 14.

(2) TAINE. *Révolution*, t. I, p. 274.

(3) LABNAUDE. Préface de la traduction de JELLINEK, p. IX.

(4) BOUTMY. La Déclaration des droits de l'homme (*Ann. de l'Ecole des Sciences politiques*, 1902, p. 421).

Ce qu'a de fondé la thèse de JELLINEK, comme le concède BOUTMY (1), c'est que « l'exemple des États-Unis et sa déclaration d'indépendance, plus encore que les Constitutions mal connues des États ont pu être pour quelque chose dans l'idée de réunir dans un seul texte les Droits de l'homme et du citoyen et de les mettre en tête de la Constitution ». Si le rapprochement de la Déclaration et des *bills* américains fait apparaître un certain nombre d'analogies, elle révèle également de nombreuses et très importantes différences, — différences de conception, de rédaction et de but. En outre, la comparaison établie par JELLINEK porte non pas sur deux textes, mais sur sept ou huit : elle emprunte aux Constitutions des différents États les dispositions qui présentent le plus de ressemblance avec celles de la Déclaration ; il y a dans cette façon de procéder quelque chose de factice, d'artificiel. On ne peut pas dire non plus, sans exagération, que la Réforme a fondé la liberté religieuse. Les réformés étaient des croyants, mais n'étaient pas des libéraux : chaque secte avait la prétention de représenter la vérité, et refusait de pactiser avec l'erreur. Les premières communautés d'habitants constituées dans le nouveau monde étaient des communautés religieuses entre fidèles partageant la même foi, excluant ceux qui professaient des croyances différentes. Les congrégation-

---

(1) *Id.*, p. 416.

nalistes refusaient accès aux catholiques, aux *quakers*. Les partisans de la liberté religieuse, comme ROGER WILLIAMS, n'étaient qu'une petite minorité mal vue, souvent persécutée. Ce qui est vrai, c'est que la Réforme a rendu la liberté religieuse plus nécessaire, en constituant non pas seulement deux grandes Églises, mais des formes nombreuses de Christianisme qui, après s'être vraiment et longtemps combattues, ont compris la nécessité de se tolérer. C'est en réalité la philosophie du xviiie siècle qui a défendu et fait triompher la cause de la tolérance religieuse.

BOUTMY nous paraît plus près de la vérité que JELLINEK, quand il soutient que c'est le xviiie siècle tout entier destructeur de toute tradition, créateur du droit naturel, qui a préparé et suscité la proclamation des Droits de l'homme. Mais nous croyons qu'en revanche il exagère l'influence de ROUSSEAU. Sans doute la notion du contrat social, l'idée de la souveraineté du peuple, le style et la marque de ROUSSEAU se retrouvent dans la Déclaration des droits. Mais la conception du droit reste essentiellement différente. ROUSSEAU, comme nous l'avons vu, aboutit à la négation du droit individuel, et livre l'individu à la toute puissance de la *Volonté générale*. Or, ce qui est caractéristique dans la Déclaration, c'est l'affirmation, la revendication du droit individuel ; c'est l'idée que le droit individuel est, comme dit BEUDANT (1), le principe du droit général,

---

(1) *L'Individu et l'Etat*, p. 137.

un droit antérieur et supérieur à toutes conventions, à toute société, à toutes espèces de lois. Et ce principe est affirmé non seulement comme un idéal, mais comme une donnée de la raison ; et c'est aussi ce qui nous permet de reconnaître sans peine l'ancienne doctrine de l'École du Droit naturel. La Déclaration des droits de l'homme est un acte politique, qui découle logiquement de ce mouvement d'idées. Assurément dans un acte de cette nature, tout n'est pas simple ; il y a quelque chose d'équivoque : on peut en dire autant de toute grande manifestation. Des opinions différentes se concentrent à un moment donné, et, pour masquer ces différences d'opinions, les formules adoptées font illusion ; elles sont semblables à ces motions contradictoires destinées à la fin d'un Congrès à réconcilier les adversaires dans un vote unanime. Comme l'a dit ATGER (1), la Déclaration des droits de l'homme a pu assurer la continuité logique de la pensée révolutionnaire depuis son origine jusqu'à nos jours. Tous les gouvernements qui se sont succédé et qui ont réalisé des vues très différentes, se sont réclamés d'elle. A la vérité, elle n'est pas immuable : la Déclaration de 1789 n'a pas été la seule. Mais ce qui la caractérise, c'est qu'elle est une énergique revendication du droit individuel. C'est par là que la Révolution s'imposait à l'admiration de KANT (2).

---

(1) *Histoire des doctrines du contrat social*, p. 321.

(2) « La Révolution d'un peuple aux riches facultés spiri-

Cette admiration de KANT pour la Révolution française permet de comprendre la relation qui existe entre sa doctrine et la Déclaration des droits. KANT admirait la Révolution, parce qu'il y voyait l'effort le plus grand qui ait été fait pour organiser rationnellement la société humaine. Sa doctrine apparaît également comme le plus grand effort pour justifier rationnellement l'idée du droit. Elle nous présente le droit inséparablement lié à la morale : sans doute il s'en distingue par la contrainte extérieure et aussi parce qu'il est préoccupé moins de l'intention que de l'acte. Mais la morale et le droit sont solidaires. Nous ne pouvons pas avoir de droits si nul n'a d'obligations vis-à-vis de nous. « Le droit n'est que l'ensemble des conditions sous lesquelles la libre faculté d'agir de chacun peut s'accorder avec la libre faculté d'agir des autres, d'après une loi universelle de la liberté » (1).

----

tuelles, cette Révolution, que nous voyons s'accomplir sous nos yeux peut réussir ou échouer; elle peut avoir accumulé des misères et des forfaits à tel point qu'un homme raisonnable, même avec l'espoir de conduire à bien une seconde entreprise de ce genre, ne pourrait pourtant se résoudre à tenter l'expérience à pareil prix; et cependant cette Révolution, dis-je, éveille dans les âmes de tous les spectateurs (de ceux-là mêmes qui se trouvent à l'écart de la scène) une sympathie dans les vœux qui confine à l'enthousiasme ». KANT. Ed. Hartenstein, t. VII, p. 399. Conf. DELBOS. — *Philosophie pratique de* KANT, p. 722.

(1) DELBOS, p. 702.

Avant d'indiquer comment ce problème s'est posé pour KANT, il faut rappeler les deux influences que sa pensée avait subies. Ces deux influences sont en partie contraires ; c'est d'abord celle du piétisme qui exaltait le sentiment religieux, voyant surtout dans la religion la piété intérieure, la pratique du devoir. Cette influence est celle qui a marqué les traits persistants de son caractère. Un de ses biographes, M. BOUTROUX (1), a donné pour épigraphe à son travail l'épitaphe que KANT avait fait inscrire sur la tombe du pasteur Lilienthal, qui avait marié ses parents : « *Was uns zu thün gebührt, dess sind wir nur gewiss.* Ce que nous devons faire, voilà la seule chose dont nous soyons certains ». A cette influence vient s'ajouter ou s'opposer celle de l'intellectualisme, la doctrine dominante à l'époque de sa jeunesse, celle qu'il reçoit et transmet d'abord à peu près telle qu'il l'a reçue. C'est cet intellectualisme qu'on appelle *aufklœrungsphilosophie* (philosophie des lumières), parce qu'on attend tout des progrès de l'esprit. On a peine à concevoir le degré de parfaite confiance de son maître, CHRISTIAN WOLFF, dans les lumières de la raison. Elle suffit à tout expliquer, à nous donner la complète vérité sur l'homme et sur le monde : il n'y a plus ni doute ni mystère. « La philosophie rationnelle, selon WOLFF, enveloppe dans une même unité le corps des sciences exactes

---

(1) *Etudes d'histoire de la philosophie*, p. 317-412.

et le système de l'ordre moral et religieux ; elle affirme la réalité ontologique de Dieu, la validité objective des notions de perfection et d'obligation, avec la même simplicité et la même sérénité que les principes de la déduction mathématique » (1).

On sait comment cette même confiance de KANT fut tout à coup ébranlée par la lecture de HUME (2). « Je n'avais garde, dit-il, d'accepter ses conclusions. Mais ce fut HUME qui le premier rompit mon assoupissement dogmatique, et donna à mes recherches dans le champ de la philosophie spéculative une direction nouvelle ». A partir de ce moment, le but apparaît nettement à la pensée de KANT. En tenant compte des objections du scepticisme, il faut essayer de sauver toute la partie du dogmatisme, qui peut résister à ces objections. Puisqu'on ne peut éviter de détruire, efforçons-nous du moins de conserver une direction suffisante à la vie. KANT en cela demeure fidèle à son éducation religieuse. Dans un des derniers chapitres de la critique de la raison pure, les questions qu'il considère comme essentielles sont très nettement posées (3). « Tout intérêt de ma raison (spéculatif aussi bien que pratique) est contenu dans

---

(1) BRUNSCHWIGG. Philosophie pratique de KANT. (*Rev. de métaphysique et de morale*, 1907, p. 67.)

(2) BOUTROUX. *Loco cit.*, p. 344. DELBOS, p. 105, n° 22.

(3) *Canon de la raison pure*, trad. TREMESAYGUES et PACAUD, p. 625.

ces trois questions : 1º que puis-je savoir ? 2º que puis-je faire ? 3º que m'est-il permis d'espérer ? »

La réponse à la première question est la critique de la raison pure, en réalité toute la théorie de la science. Elle consiste à dégager dans la connaissance les éléments purement rationnels des éléments empiriques. L'expérience ne peut pas tout expliquer : réduite à elle-même, elle n'est qu'une collection de représentations partielles, isolées, sans lien, sans unité. En outre, elle ne peut donner que le particulier, le contingent. Pour énoncer une loi ayant un caractère d'universalité, de nécessité, il faut dépasser la portée de l'expérience. Il y a donc dans notre connaissance, à côté des données des sens ou éléments empiriques *a posteriori*, que l'esprit reçoit des choses extérieures, des principes rationnels ou *a priori*, que l'esprit tire de lui-même, qui s'ajoutent aux données des sens, qui constituent, par opposition à la *matière*, la *forme* de nos connaissances. Ainsi l'espace et le temps sont les concepts purs, les deux *formes* de la sensibilité. Nous ne pouvons nous représenter les objets sans les situer dans l'espace, et nos propres modifications sans les supposer dans le temps. Ont-ils une valeur absolue ? Nul ne peut l'affirmer. Rien ne nous autorise à donner une valeur objective à des conceptions que l'esprit tire de lui-même. Il n'est pas possible de savoir s'il y a conformité entre notre connaissance et la réalité de ce qui est connu, entre le *phénomène* et le *noumène*. L'espace et le temps n'existent pas en soi : ce sont des conditions de notre connaissance liées à la nature de notre esprit. Ainsi à cette première question, KANT répond (1) « le savoir ne sera jamais notre partage ».

La seconde question ne va-t-elle pas se poser dans des conditions singulièrement décourageantes ? Si nous ne pouvons rien savoir, comment déterminer ce que nous devons faire ? Pourtant KANT se montre ici affirmatif. La raison pure spéculative n'est pas pour lui toute la raison. A côté des concepts *a priori*, qui servent à constituer la connaissance, il y a ceux qui fournissent une règle à la volonté. C'est ce qu'il appelle la Raison pratique, la raison pure pratique. La loi de notre volonté doit être la même partout ; — elle doit avoir un caractère universel, nécessaire ; elle est, par cela même, une donnée de la raison. L'expérience ne peut nous fournir qu'un principe emprunté à la nature même du sujet (par exemple la recherche du plaisir, l'amour-propre), et par conséquent un principe particulier, contingent. Seule la raison peut nous révéler un principe purement formel, qui dérive de la volonté seule et suppose la seule action de la volonté. C'est ce principe que KANT formule d'une façon bien connue : « Agis comme si la maxime de ton action devait, par ta volonté, être érigée en loi universelle de la nature » (2). C'est là le véritable impératif, celui qui ne dépend d'aucune condition,

----

(1) *Canon de la raison pure. Loco cit.*, p. 626.
(2) DELBOS, p. 359.

qui n'a rien d'hypothétique, *l'impératif catégorique.*
Ainsi pour agir et savoir ce que nous devons faire,
il suffit de nous demander pour chaque acte quelles
en seraient les conséquences, si tout le monde
l'accomplissait.

L'existence de cette loi morale est suffisamment
justifiée par la conscience que nous en avons *a
priori* (1), mais comment KANT se juge-t-il autorisé
à conférer une autorité absolue au principe du devoir
révélé par la raison pratique, tandis qu'il refuse une
telle valeur aux principes de la raison pure. Il paraît
bien difficile de ne pas voir là une contradiction.
KANT et les partisans de sa doctrine ont donné cependant l'explication suivante : les principes de la
raison spéculative se déduisent de l'esprit qui les
applique aux intuitions fournies par l'expérience ; —
ainsi notre connaissance ne se règle pas sur les objets,
et nous ne sommes pas autorisés à dire que nous con-
naissons les objets tels qu'ils sont. Au contraire, les
lois morales, que révèle la raison pratique, sont indépendantes de toute expérience, de toute connaissance
sensible : elles sont, suivant l'expression de KANT,
purement *formelles.* Elles se suffisent donc à elles-
mêmes : loin de se déduire d'une autre notion, elles
nous fournissent par elles-mêmes les notions les plus
importantes.

A peine en effet est-il besoin de rappeler tout ce que
KANT a déduit de la loi morale, tout ce qui constitue

---

(1) *Id.*, p. 439.

pour lui les postulats de la raison pratique. D'abord la liberté : l'expérience et la raison spéculative ne démontrent pas la liberté ; — tout au plus l'admettent-elles comme possible. Mais la liberté est une condition de la loi morale. Si nous sommes obligés moralement de faire telle chose, c'est que nous avons la liberté de ne pas la faire, nous avons la possibilité d'opter. Si je dois, c'est que je puis. Autre postulat : le bien se déduit du devoir et résulte de la soumission d'un être libre à sa loi. Le bien suprême est à la fois la vertu et le bonheur. Mais le bonheur ne se réalise pas en ce monde ; l'immortalité supra-terrestre est donc nécessaire à l'union de la vertu et du bonheur. Enfin l'existence de Dieu est nécessaire pour établir cet accord qu'exige le jugement d'une raison impartiale. « C'est ainsi, dit BOUTROUX (1), que la critique, en poursuivant sa marche, rétablit peu à peu toutes les existences suprasensibles qu'elle avait renversées. »

KANT a répondu par cela même à la dernière question. De ce que nous devons faire, il a déduit ce que nous pouvons espérer. « L'honnête homme peut dire : je veux qu'il y ait un Dieu, que mon existence, en ce monde, soit encore, en dehors de l'enchaînement des causes naturelles, une existence dans un monde intelligible pur, enfin que ma durée soit indéfinie. A cela je m'attache fermement et ce sont des croyances que

---

(1) *Loc. cit.*, p. 365.

je ne me laisse pas enlever » (1). C'est ce qu'il appelle la foi de la raison. Cette foi n'est pas nécessaire à l'honnête homme : ainsi Spinoza ne la professait point. Mais son absence rend l'effort plus incertain, plus difficile (2). Il ne serait pas non plus désirable que cette foi fut trop sûre d'elle-même : le bien ne serait plus alors qu'un pur calcul. Si Dieu nous avait doués d'une vue plus pénétrante, « la conduite des hommes serait changée en un simple mécanisme, où, comme dans un jeu de marionnettes, tout gesticulerait bien, mais où l'on chercherait en vain la moindre vie sur les figures. Or, comme il en est tout autrement pour nous, comme, avec tous les efforts de notre raison, nous n'avons sur l'avenir qu'une perspective fort obscure et incertaine, comme celui qui gouverne le monde nous laisse seulement conjecturer et non apercevoir, ni prouver clairement son existence et sa majesté, comme, au contraire, la loi morale qui est en nous, sans nous faire avec certitude aucune promesse ni aucune menace, réclame de nous un respect désintéressé, sauf d'ailleurs à nous permettre une fois que le respect est devenu actif et dominant, alors seulement, et seulement par ce moyen, des perspectives tout de même assez voilées sur le domaine du suprasensible, il peut y avoir une place pour une intention véritablement morale, ayant immédiatement la loi

____

(1) T. V., p. 149. — V. Delbos, p. 490.
(2) V. Delbos, p. 491, nº 1.

pour objet, et la créature raisonnable peut se rendre digne de participer au souverain bien, qui correspond à la valeur morale de sa personne et non pas seulement à ses actions. Ainsi, ce que nous enseigne d'ailleurs suffisamment l'étude de la nature et de l'homme pourrait bien encore ici se trouver exact, à savoir que la sagesse impénétrable, par laquelle nous existons, n'est pas moins digne de vénération pour ce qu'elle nous a refusé, que pour ce qu'elle nous a donné en partage » (1).

Ce n'est pas seulement dans cette croyance de la raison que se révèlent la grandeur et le bel optimisme de la doctrine de KANT : on les retrouve dans ses vues sur la philosophie de l'histoire. Il observe que la nature utilise, en vue du progrès, deux penchants contradictoires de l'homme : la tendance à se réunir en société avec ses semblables, la tendance à satisfaire ses instincts de commandement, d'appropriation, d'égoïsme, qui menace de destruction la société dont il fait partie. Cette *insociable sociabilité* des hommes est la cause inconsciente du progrès. « C'est ainsi que dans un bois, les arbres, justement parce que chacun cherche à ôter à l'autre l'air et le soleil, se forcent l'un l'autre de chercher le soleil au-dessus d'eux et prennent de la sorte une belle et droite croissance, au lieu que ceux en liberté et séparés les uns des autres poussent leurs branches à

____

(1) T. V., p. 152-153. Ed. HARTENSTEIN, trad. DELBOS, p. 502.

leur gré, croissent rabougris, tortus et courbés » (1).
De même, dans la société, les instincts égoïstes de
l'homme, qui sont la cause de tant de maux, suscitent
de nouvelles expansions de forces et décèlent un
sage arrangement. Ces luttes doivent conduire à
l'établissement de la liberté réglée par la loi. La
violence tend à se réduire elle-même. Pour mettre
un terme aux conflits, il faut aux hommes un maître,
mais ce maître lui-même est un homme ; pour le
forcer à la justice, il faut établir une constitution
réglée par le droit. Les causes, qui ont amené les
membres d'une même société à se donner des lois,
contraindront les différents États à la nécessité d'établir entre eux des rapports de droit. La charge des
dépenses militaires, les misères que la guerre
engendre, le dommage causé aux neutres par les
belligérants, tout rend à la constitution d'une fédération destinée à garantir la paix. KANT voit dans la
paix perpétuelle une maxime idéale d'action, on
pourrait dire une idée force plutôt qu'un but prochain. « Si chimérique que puisse paraître cette
idée, ou de quelque ridicule qu'on l'ait poursuivie
comme telle chez un abbé de ST-PIERRE ou chez un
ROUSSEAU (peut-être parce qu'ils la croyaient trop
près de se réaliser), c'est l'inévitable moyen de sortir
de la situation, où les hommes se mettent les uns les
autres, et qui doit forcer les États, quelque peine

----

(1) T. IV., p. 148. DELBOS, p. 276.

qu'ils aient à y consentir, de prendre juste la résolution à laquelle fut contraint, tout autant contre son gré, l'homme sauvage, je veux dire renoncer à sa liberté brutale, et chercher repos et sécurité dans une constitution régulière » (1). « Ainsi l'histoire de l'espèce humaine serait l'accomplissement d'un plan secret de la nature, en vue de produire une constitution politique parfaite réglant les relations des individus entre eux, aussi bien que les relations des individus dans un État » (2).

On ne peut se défendre d'une respectueuse admiration pour ces belles doctrines du Kantisme, pour l'influence prolongée qu'elles ont eue dans tous les pays non seulement sur la philosophie, mais sur le droit, la littérature, sur les différents modes de la pensée (3). Elles représentent l'effort le plus considérable qui ait jamais été fait pour prouver en même temps la faiblesse et la puissance de la raison, pour tracer à celle-ci une route entre le scepticisme et le dogmatisme, lui imposer des limites et soutenir cependant qu'elle peut demeurer le guide et l'arbitre de notre vie. Malheureusement cette haute conception n'a pas elle-même résisté à l'action de la critique et du temps. S'il est vrai qu'elle reste encore debout, elle apparaît bien altérée, bien ébranlée. En Alle-

----

(1) T. IV., p. 150. *Apud* DELBOS, p. 280.

(2) DELBOS, p. 280.

(3) BOUTROUX. *Loc. cit.*, p. 318.

magne, l'école néo-Kantiste s'est en général désintéressée de la partie morale de l'œuvre de KANT, « pour en faire ressortir la partie critique et antimétaphysique » (1). Pour la plupart des philosophes de cette École, la morale n'est plus une donnée de la raison ; c'est une croyance, un objet de foi. En France, le néocriticisme de RENOUVIER et de ses disciples conserve, il est vrai, une importance prédominante à la doctrine morale, mais cette doctrine elle-même est quelque peu défigurée. Au pur impératif catégorique de KANT, se suffisant à lui-même, indépendant de toute préoccupation utilitaire, RENOUVIER substitue une sorte d'impératif conditionnel qu'il appelle *le devoir faire*. L'homme est doué de raison et se croit libre : à chaque instant, il est dans la nécessité de prendre une résolution, de faire ou de ne pas faire une chose. A cette question : que devons-nous faire ou ne pas faire ? RENOUVIER répond qu'à tout prendre et toute comparaison faite, le meilleur parti, celui que nous devons prendre, c'est celui qui est le plus conforme au bien moral (2). Mais ce bien moral, quel est-il, comment le reconnaître ? « Pourquoi telles déterminations sont-elles préférables à d'autres dans la conscience de l'agent ? Il y a pour lui deux intérêts. Le premier est palpable, et je ne lui refuserai pas la connaissance du second,

____

(1) BOUTROUX, *Loc. cit.*, p. 402.
(2) RENOUVIER, *Science de la morale*, p. 4, t. 1er,

puisque je le dis raisonnable. L'un consiste en ce que, pour conserver son corps et demeurer capable de jouir, il doit savoir ne point jouir chaque fois qu'il le pourrait ; c'est en vue du bien et même du plus matériel qu'il renoncera sans cesse à se procurer des biens à sa portée. L'autre intérêt est celui de la raison. L'agent raisonnable voudra conserver et développer des facultés qui font partie de sa nature, alors même qu'il pourrait les perdre sans compromettre les autres. Il lui plaira d'être actif, intelligent, perspicace, et pour cela de se tenir en pleine possession de lui-même dans toutes les rencontres ; par conséquent il évitera les passions et les occasions qu'il n'ignore pas être incompatibles avec cet empire sur soi » (1). Locke, semble-t-il, aurait pu faire à la même question la même réponse. Sous une forme un peu vague, on retrouve dans cette direction morale une certaine préoccupation d'utilité. Sans doute, l'utilité et la raison doivent s'accorder ; l'utilité doit être appréciée raisonnablement. Mais le mot raisonnable est lui-même équivoque. « L'épicurien, qui ordonne bien sa conduite en vue de son bonheur et de son repos, est raisonnable au sens d'intelligent et même d'animal ratiocinant ; l'immoraliste, qui considère la morale comme nuisible à l'humanité et cherche le déploiement de la

---

(1) Renouvier. *Science de la morale*, t. I, p. 20.

puissance, se croit raisonnable ; mais sa raison n'est pas la raison pure de KANT » (1).

Si l'on veut s'en tenir à la conception même de KANT, combien cette conception paraît difficile à défendre. Comment considérer comme des données de la raison des notions qui prétendent s'imposer par elles-mêmes ? « La loi morale, dit KANT (2), n'a besoin elle-même d'aucun principe pour sa justification ; » « elle se soutient par elle-même. » Elle est un fait de la raison pure dont nous sommes conscients *à priori* et qui est apodictiquement certain (3). Dans un passage souvent cité de la *Métaphysique des mœurs*, KANT se pose la question de savoir si le devoir existe réellement, ou si c'est un mot vide de sens. Il reconnaît qu'il est nécessaire « de prouver *à priori* que cet impératif existe réellement, qu'il y a une loi pratique, qui commande par elle-même absolument et sans le secours d'aucun mobile » (4). Et quelle preuve va-t-il donner ? Il semble que le moment, comme dit FOUILLÉE (5), est décisif. Pour que le devoir existe, pour qu'il ait un

---

(1) A. FOUILLÉE. *Le moralisme de Kant et l'amoralisme contemporain*, p. 24. — Conf. GASTON MILHAUD. La philosophie de RENOUVIER. (*Revue des cours et conférences*, 20 avril 1905, p. 323.)

(2) *Raison pratique*, trad. PICAVET, p. 80.

(3) Conf. A. FOUILLÉE. *Le moralisme de Kant*, p. 41.

(4) *Métaphysique des mœurs*, trad. BARNI, p. 69.

(5) *L'amoralisme de Kant*, p. 51.

sens, il faut, selon Kant « qu'il y ait quelque chose dont l'existence ait en soi une valeur absolue, et qui comme fin en soi puisse être le fondement de lois déterminées. Or, je dis, ajoute-t-il, que l'homme et, en général, tout être raisonnable existe comme fin en soi et non pas seulement comme moyen. » C'est l'idée de l'*éminente dignité de la personne humaine* ; chacun de nous s'impose au respect des autres ; tout être doué de raison a le droit d'exister. — C'est très beau, mais c'est une pure affirmation. Que répondre à ceux qui contestent délibérément cette idée où même n'en ont pas conscience, — à ceux qui ne voient dans l'homme qu'une force en antagonisme avec d'autres forces. On livre à l'homme la nature ; on trouve juste qu'il la transforme et l'utilise à son profit ; on ne trouve pas choquant que les animaux soient asservis par lui, qu'il exploite leur force de travail et se nourrisse de leur chair. Mais l'homme jouit d'une exception : il est respectable, intangible : le droit n'existe que pour lui.

« Que feront, dit Fouillée, les partisans du moralisme absolu, s'ils se trouvent en présence de négateurs aussi audacieux que les Stierner et les Nietzsche, qui ne craindront pas de dire : — Votre idée du devoir pur, outre qu'elle est illusoire, est nuisible. Vous vous imaginez rendre service à l'humanité, en prêchant votre loi morale : de fait, vous empêchez l'humanité de développer sa puissance, selon sa vraie loi de nature ; vous l'empêchez de devenir de plus en plus forte, intelligente, sentante ; vous l'empêchez de se dépasser elle-même et de préparer une espèce supérieure. Votre idéal est un idéal à rebours » (1).

Et cette notion du devoir, qui ne résulte d'aucun principe, ne se révèle par aucun exemple. Ce que KANT appelle la bonne volonté, la volonté de faire son devoir, c'est celle qui est déterminée par le pur respect de la loi morale. Or, nos mobiles d'actions sont tellement complexes, qu'il est presque impossible de trouver un seul cas d'action suscitée par un mobile unique, par un mobile exempt d'amour-propre, de vanité, d'égoïsme ou même de simple sympathie. On connaît l'épigramme de SCHILLER, qui d'ailleurs admirait le rigorisme de KANT : « Scrupule de conscience. Je sers volontiers mes amis, mais hélas ! je le fais avec inclination et ainsi, je me sens souvent tourmenté de la pensée que je ne suis pas vertueux. Décision. Il n'y a pas d'autre parti à prendre : tu dois chercher à en faire fi et à accomplir avec répugnance ce que le devoir t'ordonne » (2). Ainsi cette morale apparaît comme irréalisable. Sans doute, le reproche d'insensibilité que lui adresse HEGEL est injuste ; on peut même, comme SCHOPENHAUER, lui faire honneur d'avoir répudié tout eudémonisme, toute fin utilitaire, mais n'est-elle pas

---

(1) FOUILLÉE. Kant a-t-il établi l'existence du devoir. (*Rev. de métaphysique et de morale*, 1904, p. 500.)

(2) Cité et traduit, par DELBOS, p. 327.

singulièrement décourageante, si le but qu'elle nous propose est sûrement hors de notre atteinte (1) ?

Enfin, ce qui reste indémontrable dans la doctrine de KANT, c'est l'autorité de la raison pratique. Cette raison est celle qui commande à notre volonté ; elle est la même que la raison qui éclaire notre connaissance, et pourtant, elle ne se confond pas avec elle ; elle passe avant elle ; ses principes ont une valeur supérieure, une valeur absolue. C'est uniquement parce qu'elle conçoit une loi universelle, que cette loi s'impose à notre volonté : n'est-ce pas donner une autorité arbitraire à la logique ? Cette autonomie de la volonté est quelque chose d'inconcevable. Pourquoi la volonté se lie-t-elle elle-même ? On comprendrait encore qu'elle fût tenue d'obéir à une volonté toute puissante, mais elle n'obéit qu'à elle-même, et, ce faisant, elle rend certain ce qui pour la raison pure spéculative restait douteux (2).

---

(1) V. DELBOS, p. 329, n° 1.

(2) « Quelque effort que fasse Kant, le point de vue pratique ne saurait rendre apodictique ce qui ne l'est pas. Que nous consentions à agir comme si la vie éternelle existait, je l'admets ; mais que la vie éternelle incertaine, théoriquement, devienne pratiquement et apodictiquement certaine, dès qu'elle nous semble commander des actes supranaturels, c'est là un changement à vue, qui ne peut, sinon par un coup de baguette dialectique, métamorphoser le doute en dogme ». FOUILLÉE. *Le moralisme de Kant*, p. 120. Conf. LEVY BRUHL. *La morale et la science des mœurs*, p. 54, 55.

Il faut se convaincre en vérité, qu'on demande à la raison plus qu'elle ne peut donner. Déjà KANT, tout en admettant la possibilité de la science, ne se croyait pas en droit d'affirmer la valeur absolue des principes de la raison pure spéculative, ni la conformité de notre connaissance à la réalité de ce qui est connu. Mais par un effort suprême et comme le dit M. LEVY BRUHL (1) « presque désespéré », il croyait que la raison pouvait du moins fournir une règle sûre à notre vie, une direction à notre volonté. Il convient d'en appeler de ce jugement à la raison elle-même, qui se fixe ses propres limites. Le dogmatisme rationaliste, qui supprime au profit de la raison ou absorbe en elle toute connaissance, est une illusion à laquelle il faut renoncer. La raison ne nous donne le dernier mot de rien : elle ne suffit à expliquer ni l'essence de l'être, ni la volonté, ni les institutions sociales, ni la patrie, ni la famille, l'affection que nous avons pour nos parents, pour nos amis, les sentiments de sympathie, de solidarité, qui sont le fondement de la vie collective (2), ni l'obligation morale, ni le sentiment du devoir, ni celui du droit. Tout ce qu'on peut revendiquer pour elle, c'est un droit de contrôle. Elle ne suffit nulle part, mais elle est indispensable partout (3). Elle contrôle son propre

---

(1) *Loc. cit.*, p. 56.
(2) V. OLLÉ-LAPRUNE. *La raison et le rationalisme*, p. 227.
(3) OLLÉ-LAPRUNE, p. 267.

exercice, détermine les méthodes et les précautions à prendre dans nos recherches, reste juge de ce qui est évident, erroné ou douteux. Affranchis de son contrôle, les sentiments les plus légitimes, les plus généreux, les plus élevés, l'affection des parents pour les enfants, le patriotisme, le sentiment religieux, se déforment, se dépravent ou s'égarent (1).

Réservons donc, en ce qui conserve l'idée du droit, le contrôle de la raison, mais renonçons à voir en elle une donnée de la raison.

---

(1) « La raison ne constitue pas l'être, mais l'être excellent est celui qui est excellemment raisonnable, et la déraison va au non être. Elle ne constitue pas le vouloir, mais le vouloir n'est lui-même que s'il est conforme à la raison ; la déraison, c'est la ruine du vouloir. Elle ne constitue pas à elle seule toute la pensée, mais penser bien, c'est penser selon les règles de la raison. Elle ne crée pas l'ordre social, mais quel ordre social subsistera sans elle ? Elle n'engendre pas la foi, mais la foi ne se passe pas d'elle, et il y a dans l'ordre de la foi un usage de la raison. » OLLÉ-LAPRUNE. *La raison et le rationalisme*, p. 252.

III

ÉCOLE HISTORIQUE

Contre le principe individualiste qui inspire la
Déclaration des droits de l'homme et triomphe avec
la Révolution française, une longue réaction se produit au XIXe siècle. Nous ne prétendons pas étudier
cette réaction dans son ensemble (1) : nous voudrions seulement détacher de ce mouvement d'idées
les doctrines qui s'opposent à la théorie du droit
naturel. Bien qu'elles soient assez nombreuses et
infiniment nuancées, elles peuvent, semble-t-il, se
classer de la façon suivante : doctrine de l'École
historique, doctrine utilitaire, doctrine sociologique.
Toutes ont un caractère commun : elles répudient
tout principe *à priori*. Pour se constituer, pour progresser, la philosophie du droit doit avant tout
s'affranchir de la superstition de ce que KNAPP appelle les « Rechtsphantasmen », les fantaisies juridiques « qui naissent de l'idée d'un commandement ju-

---

(1) V. le livre si important d'HENRY MICHEL sur l'*Idée de
l'État*.

ridique, surhumain, religieux, issu de l'imagination
métaphysique, créatrice et spéculative » (1). La critique et l'abandon de ces « Rechtsphantasmen » sont le
trait caractéristique de ce *réalisme juridique* (2).

L'École historique qui s'oppose avec une saisissante netteté à l'École du droit naturel dans l'écrit
que publie SAVIGNY en 1814 : « Vom Beruf unserer
Zeit für Gesetzgebung und Rechtwissenschaft. De la
vocation de notre temps pour la législation et la
jurisprudence ». Cet écrit est un manifeste qui fait
époque ; il rassemble, en les exprimant fortement,
des idées auxquelles on peut trouver une origine
lointaine. Déjà, en parlant de MONTESQUIEU, nous
avons signalé dans l'*Esprit des Lois* la notion fondamentale de l'École historique, celle de la relativité
des lois, celle des influences multiples qui président
à leur développement.

Sans remonter plus haut, bornons-nous à constater que la doctrine s'affirme avec une force particulière au moment où la réaction contre la Révolution
française est comme un mouvement de reflux. Quand
les hommes sentent la nécessité de faire un grand
effort, d'échapper à l'influence du passé, des traditions, des institutions qui les enveloppent, ils croient
à la toute puissance de la volonté, à la toute puis-

-----

(1) LUDWIG KNAPP, *System der Rechtsphilosophie*. Erlangen
1857, p. 243. — Conf. E. EHRHARDT, *La crise actuelle de la philosophie du droit*, p. 139.

(2) EHRHARDT. *Loc. cit.*, p. 137.

sance de la loi, ils se persuadent qu'on peut effacer le passé, déraciner les abus, créer un ordre de choses entièrement nouveau. Mais les Révolutions, même celles qui réussissent, comportent une large part de déceptions. On ne peut pas changer les hommes, leurs dispositions anciennes, leurs habitudes acquises ; on n'échappe pas à la loi de continuité ; on s'aperçoit que la loi écrite est souvent impuissante, qu'elle ne s'applique pas ou se modifie en s'appliquant. Ainsi se succèdent alternativement l'influence des idéalistes et celle des historiens.

Déjà, cette réaction commençait en France au moment de la confection du Code civil. On s'attachait à présenter ce Code comme une œuvre de transaction destinée à concilier les institutions de l'Ancien Régime et certains principes de la Révolution. « Les Codes des peuples, disait Portalis (1), se font avec le temps ; à proprement parler, on ne les fait pas. » Mais cette réaction est beaucoup plus marquée en 1814 : les traditions se renouent après la chute de l'Empire considéré par les nations européennes comme une continuation de la Révolution. SAVIGNY, dans l'écrit que nous avons cité, juge avec une extrême sévérité le Code civil français, et, d'une façon générale, condamne la codification et n'y voit qu'un obstacle au progrès du droit.

––––––––––––

(1) Discours préliminaire sur le projet de C. civil (*Recueil de Fenet*, t. 1, p. 476.

Au reste, il n'y a là qu'une exagération de sa propre thèse ; en réalité, ce qu'elle a d'essentiel, c'est que le droit est la résultante des besoins sociaux, « le produit des forces intérieures et silencieuses » (1). Il trouve son expression inconsciente dans la coutume : comme la langue, comme la religion, il procède d'un effort collectif. Subissant les modifications incessantes de la jurisprudence, de la pratique juridique, il se transforme lentement, insensiblement : les lois nouvelles ne font que constater ces transformations. Le juriste, celui qui *dit le droit* ne réalise pas les réformes ; il ne fait que les exprimer. C'est le peuple qui crée son droit ; et le peuple n'est pas seulement l'ensemble des citoyens existant à une même époque ; « c'est l'unité au sein de laquelle se succèdent les générations, unité qui rattache le présent au passé et à l'avenir. C'est la tradition qui veille à la conservation du droit, et la tradition est un héritage, qui se transmet par la succession continuelle et insensible des générations » (2).

On peut se demander pourquoi Savigny considère le droit comme un fait national. N'a-t-il pas un caractère d'universalité ? Ne constate-t-on pas entre les institutions des peuples différents des caractères communs. Lui-même prévoit l'objection et essaie d'y

---

(1) Savigny, *Loc. cit.*, p. 8.

(2) Savigny, *Traité de droit romain*, trad. Guenoux, t. I p. 20.

répondre. « J'ai dit que chaque peuple était le créateur et le sujet du droit positif. Peut-être cette définition paraîtra-t-elle trop restreinte et regardera-t-on le droit positif comme une œuvre de l'esprit humain en général et non des peuples pris individuellement. Ces deux opinions examinées de plus près ne se contredisent nullement. L'esprit, qui agit chez les différent peuples et revêt des traits individuels, n'est autre que l'esprit humain lui-même. Mais la création du droit est un fait et un fait accompli en commun. Or une coopération n'est possible que là où il existe réellement une communauté de pensées et d'action ; et comme une semblable communauté se trouve seulement au sein des différents peuples, c'est de là seulement que peut sortir le droit positif, bien que l'esprit général de l'humanité s'y révèle constamment » (1).

Aussi la création du droit est réalisée par l'esprit national, mais elle est en même temps l'œuvre de l'esprit humain.

Cette œuvre a-t-elle une fin prédéterminée ? Peut-on lui assigner un but ? Puisqu'on la présente comme inconsciente, il semble qu'elle soit également privée de finalité. « Si le droit a un but et un but universellement humain, on se demande pourquoi il ne serait pas l'objet d'un travail de réflexion et d'organisation conscientes » (2). Cependant, par une contradiction

____

(1) Savigny. *Loc. cit.* T. I, § VIII, p. 20-21.
(2) Ehrhardt. *Loc. cit.*, p. 90.

difficilement explicable, et en termes obcurs, SAVI-
GNY assigne au droit le même but qu'au Christianisme : réaliser la destinée morale de l'homme. « Le but
général du droit sort de la loi morale de l'homme sous
le point de vue chrétien. Car le Christianisme ne se
pose pas seulement comme règle de nos actions ; en
fait, il a modifié l'humanité et il se retrouve au fond
de toutes nos idées, de celles qui semblent lui être
le plus étrangères et le plus hostiles. Reconnaître ce
but général au droit n'est pas le transporter dans
une sphère plus vaste et le dépouiller de son indépendance : le droit est un élément spécial qui concourt à une fin commune et règne sans partage dans
son domaine, le rattacher ainsi à l'universalité des
choses, c'est seulement lui donner une vérité plus
haute » (1). Si le droit poursuit le même but que le
Christianisme, il doit sauvegarder la liberté et la dignité de la personne humaine. *Non est anima vilis pro
qua Christus mortuus est.* La même idée paraît bien
se retrouver dans la conception, à l'aide de laquelle
SAVIGNY prétendait justifier la protection accordée à
la possession : il la considère comme exigée par
celle de la personne. Il est cependant permis de
penser qu'il y a dans cette affirmation de SAVIGNY
l'expression d'un sentiment intime, plutôt qu'une
conséquence de sa doctrine. En réalité, cette doctrine ne donne aucune solution à la question de la

---

(1) SAVIGNY. *Dr. Rom.*, trad. GUENOUX, t. I. p. 51.

détermination du fondement du droit. Son principe, comme dit BEUDANT (1), est « l'idée panthéiste appliquée au droit ». Le droit est l'œuvre du temps : il est le produit d'une action continue, silencieuse, collective. On ne voit pas là de place ni de rôle assigné à l'individu : son influence et sa personnalité sont trop insignifiantes pour être prises en considération. Si l'École historique, dans la doctrine de SAVIGNY, ne va pas jusqu'à nier le droit individuel, on ne peut pas dire non plus qu'elle le reconnaisse. Elle l'ignore. « Qu'on ne lui demande pas quels sont ses principes sur les grandes questions agitées depuis des siècles ; son système est précisément de n'en pas avoir et de laisser faire le temps » (2).

Si le fatalisme de l'École historique ne donne pas de solution formelle à la question, les penseurs, qui ont continué l'influence de cette École, ont été plus explicites et sont arrivés, comme la logique devait les y amener, à la négation de l'idée du droit.

Nous n'essaierons pas d'exposer ici la doctrine de HEGEL. Ce qu'elle a de commun avec celle de l'École historique, c'est la notion d'évolution. A la vérité, il y a pour HEGEL un être constant et permanent, c'est l'esprit du monde ; mais cet esprit s'incarne successivement dans un certain nombre de races, le monde oriental, le monde grec, le monde latin, aujourd'hui

---

(1) *Droit individuel et l'Etat*, p. 191.

(2) *Id.*, p. 196.

le germanisme, qui seul lui a donné pleine conscience de lui-même.

Quelle est, dans cette conception, la place de l'individu ? Il est évident qu'elle est infime, essentiellement subordonnée. L'État est l'être suprême ; c'est le rationnel en soi et pour soi : il n'est pas seulement destiné à protéger les droits de l'individu : il a son but en lui-même. Le devoir d'un individu, c'est d'être une partie intégrante de l'État, comme une cellule est une partie d'un être vivant. Loin de chercher à s'isoler, il doit au contraire chercher à s'adapter, se sacrifier, s'assimiler au tout. « L'homme est sans doute fin en soi et doit être respecté comme tel ; mais l'homme individuellement n'est à respecter comme tel que par l'individu et non quant à l'État, parce que l'État ou la nation est sa substance » (1). Hegel, quoique favorable à la monarchie constitutionnelle, est en réalité un absolutiste : sa conception de l'État, comme celle de Hobbes, comme celle de Rousseau, aboutit à dépouiller l'individu de toutes les garanties nécessaires à la protection de sa personnalité et de sa liberté » (2).

Il ne serait pas moins intéressant de rechercher ce que devient l'idée du droit dans une autre doctrine, qui a subi elle aussi l'influence de l'École historique, celle de Ihering. A proprement parler, Ihering

---

(1) Hegel. *Leçons sur l'hist. de la philosophie*, t. IV, p. 292.
(2) Conf. Beudant. *Le dr. indiv. et l'État*, p. 200.

n'appartient complètement à aucune École. Sa personnalité ne se laisse pas aisément définir ni enfermer
dans un cadre étroit. Il est à la fois historien, juriste,
psychologue, réaliste, et peut-être néanmoins plus
idéaliste qu'il n'était disposé à le reconnaître.

Il n'en est pas moins vrai qu'il appartient par son
éducation à l'École historique et que son premier
grand ouvrage, l'*Esprit du droit Romain* (1), peut être
considéré comme l'œuvre la plus remarquable que
l'École historique ait produite. Lui-même dans sa
Conférence sur la *Lutte pour le Droit*, constate qu'il
a longtemps subi cette première influence. « D'après
la théorie de Puchta et de Savigny, la formation du
droit se poursuit, aussi imperceptible, aussi exempte
de peine que la formation du langage ; elle ne
demande ni effort ni lutte, ni même une recherche,
mais c'est la force tranquillement agissante de la
vérité, qui, sans effort violent, lentement mais sûrement, se fraie sa voie ; c'est la puissance de la conviction à laquelle se soumettent invinciblement les
âmes et qu'elles expriment par leurs actes. Une règle
nouvelle de droit naît avec aussi peu de peine qu'une
règle de langage. D'après cette opinion, la règle du
droit antique de Rome, que le créancier peut vendre
son débiteur insolvable en servitude étrangère, ou
que le propriétaire peut enlever sa chose en quelques

____

(1) « C'est une application remarquable du programme tracé
par Savigny : expliquer le droit par le génie particulier de la
nation qui l'a élaborée. » Ehrhardt, p. 141.

mains qu'il la rencontre, s'est formée dans la Rome antique à peu près comme la règle du *cum* régissant l'ablatif. Telle est la conception de l'origine du droit que j'emportais moi-même, au sortir de l'Université, et sous l'influence de laquelle je suis resté pendant nombre d'années » (1). IHERING a toujours reconnu dans cette conception une part de vérité. Le droit comme le langage comporte un développement interne, imperceptible, inconscient. Mais plus que personne, il a mis en lumière deux idées inhérentes à l'origine et au développement du droit que l'École historique avait méconnues, l'idée de lutte, l'idée de but.

Le droit se conquiert et se maintient par une lutte continuelle. L'avènement d'un droit nouveau ne peut être obtenu qu'au prix d'une atteinte sensible à des intérêts privés : le maintien du droit suppose pour la même raison une résistance constante. « Toutes les grandes conquêtes qu'enregistre l'histoire du droit, l'abolition de l'esclavage, de la servitude personnelle, la liberté de la propriété foncière, de l'industrie, des croyances, etc., ont dû être remportées au prix de luttes ardentes souvent continuées pendant des siècles ; parfois se sont des torrents de sang, mais toujours se sont des droits anéantis qui marquent la voie suivie par le droit » (2). A ce point de

---

(1) *Lutte pour le droit.* Traduct. MEULENAERE, p. 6.
(2) *Lutte pour le droit, loc. cit.*, p. 9.

vúe, la conception de l'École historique n'est pas
seulement fausse ; elle est dangereuse, car elle con-
seille l'inertie, l'abstention ; elle donne à penser que
le progrès se fait par lui-même, que les choses s'arrangent toutes seules, tandis qu'au contraire l'homme
doit agir, revendiquer et défendre son droit, dans
son intérêt propre et dans l'intérêt de la société tout
entière. L'enjeu de cette lutte pour le droit, c'est en
effet l'existence même de la nation. Un peuple qui ne
défend pas son droit finira par être incapable de
défendre son existence et son honneur.

Une autre idée qu'IHERING a mise en relief est celle
du but. Lui-même disait de son livre *Zweck im Recht* :
« J'ai mis tout mon moi dans cet ouvrage ; ce n'est
pas seulement un fragment de moi, c'est mon moi
scientifique tout entier » (1). Le principe de finalité
est aussi général que l'est dans le monde physique le
principe de causalité. Il n'y a pas d'action sans but.
« Dans le domaine du droit, rien n'existe que par le
but et en vue du but ; le droit tout entier n'est qu'une
unique création du but » (2). Et quel est ce but ?
C'est de garantir à la société les conditions essentielles à son existence (3). Ces conditions sont essentiellement variables. Ainsi lorsque le Christianisme
parut, l'État païen le poursuivit par le fer et par le

---

(1) Préf. p. VIII. *Évolution du droit*, Trad. MEULENAERE.
(2) *Id.*, p. 291.
(3) *Id.*, p. 292.

feu. Quelques siècles plus tard, le même État imposa par les moyens les plus cruels la foi qu'il avait interdite. « Il fallut des siècles de luttes atroces et sanglantes avant que le pouvoir public en arrivât à croire que non seulement l'existence de la société est compatible avec la liberté de conscience, mais que même elle est impossible sans elle. Laquelle de ces convictions était la vraie ? Toutes encore une fois selon leur temps » (1).

Par quels moyens la société obtient-elle que l'individu mette à son service son activité, son obéissance et concourt à un but qui devrait lui être indifférent ? En utilisant ses mobiles d'actions. Ceux-ci sont au nombre de quatre. Les deux premiers sont égoïstes : l'appât du salaire et la contrainte ; mais sans eux on ne conçoit pas de relations sociales. Le moins noble, c'est la contrainte : le salaire fait appel à la libre activité ; il est inefficace pour le paresseux tandis que la contrainte a prise sur lui. Tout le commerce juridique est fondé sur la force propulsive du salaire. C'est pour gagner sa vie que l'homme consent à travailler, à rendre service aux autres : l'argent lui procure l'indépendance ; la concurrence règle son égoïsme ; la justice consiste dans l'équivalence entre la prestation fournie et le service rendu. Mais l'appât de la rémunération ne suffit pas à tout. Pour maintenir la paix sociale, pour assurer la défense du pays,

______

(1) *Id.*, p. 295.

réprimer les atteintes à la personne ou au patrimoine, assurer certains services, faire recouvrer l'impôt, il faut recourir à la contrainte. Ce recours n'appartient qu'à l'État ; c'est le propre de sa fonction ; le droit n'est que « l'ensemble des règles en vertu desquelles s'exerce la contrainte » (1). En ce sens, l'État est l'unique source du droit.

Mais la contrainte est elle-même insuffisante. Pour que l'homme agisse sans rémunération et sans contrainte, s'abstienne de l'injustice quand il se croit assuré de l'impunité, il faut un autre stimulant. C'est le moteur moral, les mobiles supérieurs, le sentiment du devoir et l'amour.

Il est difficile d'apercevoir les traits essentiels de cette doctrine : elle est à la fois historique, utilitaire et sentimentale ; mais c'est l'utilitarisme qui domine.

A l'École historique, elle emprunte la notion d'évolution, de transformations incessantes des institutions. Mais elle répudie l'idée que cette évolution se produit spontanément, qu'elle est indépendante de notre volonté. Elle voit là « une des hérésies les plus redoutables que l'on puisse concevoir, car dans un domaine où l'homme doit *agir*, agir avec la pleine et claire conscience du but et avec l'application de toutes ses forces, elle le leurre en lui faisant croire que les choses s'arrangent d'elles-

____

(1) *Id.*, p. 215.

mêmes, qu'il n'a rien de mieux à faire que de se croiser les bras et d'attendre plein de confiance ce que met au jour peu à peu la prétendue source primordiale du droit, la conscience nationale » (1). Ce n'est pas à dire qu'IHERING ait refusé de reconnaître l'influence de cette conscience nationale (*Volksgeist*) sur le développement du droit. Nous savons que dans son *Esprit du droit Romain* il n'a fait que dégager le droit romain des traits du caractère romain (2). Mais il ne s'est pas arrêté à cette conception : il l'a dépassée. Sinon dans son *Esprit du droit Romain*, tout au moins dans ses derniers livres, il a tenté d'expliquer par l'histoire de la nation la formation et les modifications de l'esprit national. Si le caractère d'un peuple détermine ses institutions, à son tour son histoire détermine son caractère. Ce peuple, comme l'a dit BOUGLÉ, « n'est pas une fois né, il devient, et son devenir est déterminé par les circonstances, permanentes ou passagères. Il faut, pour comprendre le rapport du caractère d'un peuple avec son histoire, retourner la formule scolastique et dire *Esse sequitur operari* » (3). Qu'on prenne pour exemple les Aryens et les Sémites : si l'on transporte les premiers dans les plaines de l'Euphrate, leur caractère et leurs mœurs seront entièrement modifiées : on aura vrai-

----

(1) *Lutte pour le droit*, p. 11.
(2) BOUGLÉ. *La Science sociale en Allemagne*, p. 127.
(3) BOUGLÉ. *Loc. cit.*, p. 127.

semblablement un peuple de pasteurs médiocrement actif, tandis que la nécessité de s'adapter à la vie sur les rudes et hauts plateaux d'Asie a fait d'eux un peuple inventif, de constructeurs, d'agriculteurs (1).

Si la préoccupation du but différencie IHERING des autres représentants de l'École historique, par contre, cette préoccupation suscite en lui l'état d'esprit habituel des historiens. Il incline à justifier le passé en l'expliquant, à considérer que les choses ont été ce qu'elles devaient être, non par fatalisme, puisqu'il admet l'intervention de la volonté, mais par une sorte d'optimisme rétrospectif. Rappelons-nous de quelle façon il envisage le problème des rapports de l'État et des religions. l'Église persécutrice, le régime de tolérance, tout lui paraît également admissible. C'est une question de temps, de circonsconstances, d'opportunité. Visiblement, de pareils jugements méconnaissent l'idée du droit qui est en nous.

Et cependant, comment croire que l'auteur de l'admirable conférence sur la *Lutte pour le droit* n'a pas eu le sentiment du droit. Il paraît, au contraire, l'avoir eu à un très haut degré. Mieux que personne il a compris et montré la valeur de cette lutte pour l'individu et pour la société, les raisons de sacrifier l'intérêt matériel, la paix et le repos de sa vie à la défense du droit. Celui qui a le sens du droit réagit contre toute injustice, même contre celle dont il n'est

______

(1) BOUGLÉ. *Loc. cit.*, p. 128.

pas personnellement victime. « Tout homme qui éprouve de l'indignation, de la colère morale, à la vue de la violence faite au droit par l'arbitraire, possède incontestablement ce sens. Car tandis qu'au sentiment, que provoque le besoin du droit que l'on éprouve soi-même, se mêle un mobile égoïste, le sentiment qu'il éprouve a sa base exclusive dans la force morale de l'idée du droit sur le cœur humain. C'est la protestation d'une nature morale énergique contre l'outrage au droit, le témoignage le plus beau et le plus élevé que peut rendre de lui-même le sentiment juridique ; c'est un phénomène moral aussi attrayant et aussi profond pour le psychologue que pour le poète. Il n'y a point, que je sache, d'autre sentiment qui puisse provoquer aussi soudainement dans l'homme une aussi profonde transformation » (1). Ce n'est pas le seul cas où il est entraîné par un mouvement d'idéalisme. Dans cette même conférence, il veut prouver que l'État qui viole le droit compromet sa propre existence : en ruinant la justice, on détruit la patrie. Et tout aussitôt, il s'excuse de donner cette raison, qui n'est qu'une concession aux exigences des hommes d'État : « Je n'ai garde de soutenir que ces considérations d'opportunité seules doivent engager l'État à éviter ces fautes : je pense au contraire que le premier et le plus sacré des devoirs est de réaliser cette idée pour elle-même ;

____

(1) *La lutte pour le droit*, p. 46.

mais c'est là peut-être de l'idéalisme doctrinaire ; et je ne veux point blâmer les politiciens pratiques et les hommes d'État, lorsqu'ils repoussent pareille exigence, en haussant les épaules » (1).

Il est permis de voir là une sorte d'inconséquence commune à beaucoup d'hommes qui se croient rigoureusement rationalistes, et chez lesquels le sentiment réclame, reprend parfois ses droits. Nous devons pourtant constater qu'IHERING n'entend pas considérer le sentiment comme la source du droit ; dans son *Histoire du développement du droit romain* (2), il dénie toute valeur à cette idée, et n'y voit qu'une illusion. Loin d'être la source du droit, le sentiment est au contraire le produit du droit historique. Nous l'empruntons au milieu dans lequel nous vivons : ce sentiment n'est pas inné ; il est acquis. Il n'a pas devancé les institutions juridiques ; il a été engendré, suscité par elles. Ainsi l'expérience apprit à l'homme que la pratique des fraudes était incompatible avec la vie sociale, la vie de famille inconciliable avec l'existence de la polygamie, le meurtre et le brigandage avec la vie en société. C'est l'intuition du but pratique qui a créé ces règles de droit et c'est après qu'apparaît le sentiment de réprobation pour des pratiques contraires à l'intérêt social (3).

---

(1) *La lutte pour le droit*, p. 85.

(2) Trad. MEULENAERE, p. 58.

(3) *Histoire du développement du droit romain. Loc. cit.*, p. 17. IHERING est cependant obligé de reconnaître que dans cer-

Déduire le droit de l'égoïsme par cette méthode qu'IHERING appelait *réalistique*, c'est enlever à la notion du droit toute valeur morale. Pourquoi se sacrifier au droit, si ce n'est qu'un stratagème inventé dans la lutte sociale ? Parce que cet artifice inventé par l'égoïsme de l'individu est capté et utilisé par la société dans son propre intérêt. Mais si l'individu se rend compte de cette supercherie, comment croire qu'il ne se ressaisira pas. Pour lui, rien ne vaut le bonheur et la vie. Et la société elle-même, qui utilise le droit dans l'intérêt de sa conservation, ne pourra-t-elle pas briser l'instrument dont elle s'est servie, s'il devient nuisible ou dangereux. IHERING n'hésite pas à dire qu'il peut, qu'il doit en être ainsi. « Le droit n'est pas le principe supérieur qui régit le monde ; il n'est pas un but en soi ; il n'est que le moyen de réaliser un but, qui est le maintien de la société humaine. Si la société ne peut se maintenir dans l'état juridique actuel, si le droit ne peut l'y aider, la force vient remédier à la situation. Ce sont les grandes crises de la vie des peuples et des États, où le droit est suspendu pour les nations comme pour les individus. Au-dessus du droit, il y a la vie, et

---

tains cas le sentiment est en avance sur le droit. Ce sentiment n'est d'abord que celui d'une petite élite, puis il s'étend de proche en proche. S'il eut fallu attendre la révolte du sentiment populaire, nous en serions encore au droit d'épaves, aux peines barbares du moyen âge, aux procès des sorciers. (*Histoire du développement du droit romain*, p. 21.)

lorsque la situation est réellement telle que nous la supposons, lorsque la crise politique place la société devant cette alternative : le respect du droit ou le maintien de l'existence, il n'y a pas à hésiter. La force doit sacrifier le droit et sauver l'existence de la nation » (1). N'avons-nous pas raison de dire que ce qui domine dans IHERING, c'est l'utilitarisme social.

Ce qui lui a manqué, c'est une foi plus ferme, une conception plus élevée de l'idée du droit. A l'admiration qu'inspirent l'étendue et la puissance de son œuvre se mêle un sentiment de regret. On est frappé de ce qu'il a fait ; on sent qu'il pouvait davantage. Il avait un sens historique très sûr ; il a su voir et rendre admirablement l'évolution continue du droit, son adaptation aux phénomènes sociaux. En même temps, il répudiait la grande erreur de SAVIGNY qui négligeait, « de parti pris et sous l'empire d'une sorte de déterminisme exclusif, la part incontestable de l'activité consciente et réfléchie de l'homme dans la formation du droit » (2). IHERING a fait comprendre d'une manière saisissante le rôle de la volonté et la préoccupation du but dans le droit. Il sait nous montrer comment les hommes découvrent les institutions qui répondent à leurs besoins, les conçoivent et les créent pour leur usage. Il voit aussi nettement le rôle de la logique, l'effort constant pour adapter les

---

(1) *Évolution du droit*, p. 170.
(2) GENY. *Méthode d'interprétation dans le droit positif*, p. 229.

solutions à un idéal de raison et de justice. Il est merveilleusement armé pour user à la fois du raisonnement et de la méthode historique ; le fait chez lui est le point de départ du raisonnement ; la méthode historique telle qu'il la conçoit (1), ne se borne pas à nous retracer la lente et mystérieuse évolution du droit ; elle nous fournit les moyens d'agir sur cette évolution, de la préparer, de la rendre à certains moments plus rapide, à d'autres moments plus lente. Bien qu'il place au-dessus de tout l'intérêt de l'État, il envisage habituellement les deux faces, les deux côtés du droit, le côté individuel et le côté social (2).

Mais pour travailler à la réalisation du rêve magnifique de KANT, l'établissement de l'ordre juridique universel, il fallait encore autre chose : il fallait croire que le droit a en soi une valeur morale et n'est pas seulement un stratagème, une simple tactique, ce que IHERING appelle lui-même la politique de la force (3).

---

(1) Conf. SALEILLES. Le Code civil et la méthode historique. (*Livre du centenaire du code Civil*, t. I, p. 96-129.)

(2) « C'est parce qu'il y a une part de droit individuel dans le droit social que les individus pris en masse doivent protection à l'individu, et c'est parce qu'il y a une part de droit social dans tout droit individuel que la sphère juridique de l'individu reste toujours délimitée et conditionnée par l'intérêt collectif du groupe. » SALEILLES. *Loc. cit.*, p. 111.

(3) *Evolution du droit*, p. 169.

IV

ÉCOLE UTILITAIRE

Nous ne voulons pas résumer l'histoire de l'utilitarisme, variété de l'empirisme qu'on retrouve à toutes les époques. Mais la doctrine utilitaire est surtout caractéristique de la philosophie morale anglaise, qui est pour ainsi dire imprégnée d'utilitarisme. L'utilitarisme anglais s'inspire de doctrines opposées comme celles de Hobbes et de Locke ; il trouve son expression dans Bentham et Stuart Mill. Nous nous attacherons de préférence à Bentham dont Stuart Mill n'est que le disciple, et nous prendrons pour guide la belle étude de M. Elie Halévy (1), qui montre non seulement la formation, mais l'importance politique de la doctrine utilitaire. Cette doctrine suscite en Angleterre un mouvement de libéralisme, comparable à celui qui découle en France de l'École du droit naturel. Il est en effet singulièrement curieux de constater que l'utilitarisme qui, dans la

____

(1) *La jeunesse de Bentham. L'Evolution de la doctrine utilitaire.*

pensée de Hobbes, conduit à l'absolutime, provoque au contraire, tel qu'il est entendu par Locke,
Bentham, Stuart Mill, une tendance à libérer l'individu des entraves qui s'opposent à son initiative,
inspire confiance dans cette initiative, dans l'identité et l'harmonie des intérêts. Ainsi par des vues
différentes, la philosophie des droits de l'homme et
l'utilitarisme semblent marcher vers le même but.
« La philosophie des droits de l'homme viendra
aboutir sur le continent à la Révolution de 1848 ; la
philosophie de l'identité des intérêts, en Angleterre
et vers la même époque au triomphe du libre échange
manchesterien » (1).

Bentham naît en 1748 et meurt en 1832 : presque
tout entière consacrée à l'étude, sa longue vie est
sans événements. On peut dire seulement que, pendant sa jeunesse, il subit l'influence française, celle
des philosophes du xviiie siècle, spécialement celle
d'Helvétius. Plus tard, il se lie avec les hommes
qui prennent part au mouvement révolutionnaire,
Brissot par exemple. Par son éducation, c'est un
jurisconsulte plutôt qu'un philosophe : mais il reste
étranger à la pratique du droit et renonce à la profession d'avocat, parce qu'il lui paraît que le chaos
de la législation anglaise, l'arbitraire de la jurisprudence deviennent pour l'homme de loi un instrument
de gain, et dégradent son caractère (2). Il s'attache

____

(1) Elie Halévy. T. I. Intr. p. VIII.
(2) Elie Halévy, t. I., p. 37.

avec persévérance à préparer la réforme de cette législation toute pleine d'abus : et tandis que son maître BLACKSTONE, esprit compréhensif et clair, mais sans élévation, passe pour le premier juriste de son temps, « en enseignant le droit tel qu'il est ». BENTHAM, sans se soucier du suffrage des praticiens, l'expose « tel qu'il souhaiterait qu'il fût » (1). Ses principaux ouvrages sont l'*Introduction aux principes de morale et de jurisprudence*, et les *Traités de Législation civile et pénale*.

A l'exemple d'HELVETIUS, BENTHAM veut « traiter la morale comme toutes les autres sciences et faire une morale comme une physique expérimentale » (2). Son rêve, sinon son ambition, c'est de découvrir la grande loi du monde moral, comme NEWTON a découvert la loi du monde physique. Le principe qui, pour lui, domine tous les autres, qui inspire et suscite toutes les actions, qui en détermine la valeur, c'est *le principe d'utilité*. « Par ce principe, on entend le principe qui approuve ou désapprouve une action quelconque selon la tendance qu'elle paraît avoir à augmenter ou contrarier le bonheur de la partie intéressée » (3). L'existence de ce principe n'a pas besoin d'être prouvée : c'est une vérité d'évidence. Toutes les créatures humaines le connaissent et l'ap-

---

(1) ELIE HALÉVY, t. I., p. 50.

(2) *Id.*, p. 26.

(3) ELIE HALÉVY. Introd., t. I., p. 39.

pliquent. Ceux-mêmes qui le combattent empruntent leurs arguments au principe lui-même : si l'on prétend me démontrer que j'ai tort de faire un acte que je considère comme utile, c'est que l'abstention ou tout autre acte est en réalité préférable, partant plus utile. On ne conteste pas mon principe ; on soutient seulement que je commets une erreur en l'appliquant mal.

Que peut-on d'ailleurs opposer à ce principe ? Sur quelle autre idée fonder la science sociale ? BENTHAM n'en voit que deux : le principe de l'ascétisme, le principe de la sympathie ou de l'antipathie.

Le principe de l'ascétisme, « comme celui de l'utilité apprécie les actions humaines, selon la tendance qu'elles paraissent avoir à augmenter ou diminuer le bonheur de la partie intéressée » (1). Seulement, tandis que les utilitaires appellent bonne l'action qui procure du plaisir, mauvaise celle qui cause de la peine, au nom du principe de l'ascétisme, on donne aux mêmes actions une qualification inverse. N'est-il pas permis de penser que ceux qui raisonnent ainsi obéissent inconsciemment à ce conseil de l'expérience, qu'il est souvent prudent de sacrifier un plaisir immédiat qui peut causer un mal durable, mais éloigé. Ainsi l'ascète, à son insu, recherche son propre plaisir. Au reste, s'il en était autrement, concevrait-on la possibilité d'universaliser le principe de l'ascétisme, de proposer aux hommes comme

____

(1) ELIE HALÉVY, t. I., p. 42.

fin désirable de faire tout ce qui peut les rendre malheureux ?

Sous le nom de principe de sympathie et d'antipathie, Bentham comprend tous les systèmes de morale, qui prétendent juger les actions en faisant abstraction des conséquences qu'elles peuvent avoir. Il s'efforce de démontrer que ces principes sont arbitraires, ou se ramènent à la question d'utilité. Droit, justice, bonté, ne sont que des mots destinés à traduire l'idée d'utilité.

Pour apprécier les actions selon leur degré d'utilité, il faut admettre que les plaisirs et les peines sont susceptibles d'une commune mesure, peuvent être évalués, comparés. C'est l'idée qui sert de principe à la fameuse *Arithmétique*, partie de la doctrine de Bentham la plus souvent citée et la plus ingénieuse. En réalité, elle est plutôt l'œuvre collective des moralistes anglais, et Bentham n'a fait que l'achever. Pour classer les plaisirs et les peines, on crée toute une méthode destinée à les apprécier en tenant compte de quatre éléments : l'intensité, la durée, la certitude ou l'incertitude, la proximité ou l'éloignement. On obtient ainsi une série de valeurs qui s'additionnent, se soustraient, se multiplient. On additionne les plaisirs de valeurs diverses ; on multiplie la valeur d'un plaisir par le nombre des individus qui l'éprouvent. Ce qui paraît déconcertant, c'est que les évaluations varient d'une personne à l'autre, en raison des circonstances, du tempérament, du degré de santé ou de sensibilité. Aussi, pour fournir au législateur des documents d'appréciation, BENTHAM établit entre les individus des classifications basées sur des circonstances qu'il appelle circonstances de second ordre : sexe, âge, profession, éducation, climat, race, nature du gouvernement, opinion religieuse. Ces circonstances, le législateur peut les connaître et les prendre en considération, par exemple, ne pas frapper les femmes des mêmes peines que les hommes, parce que la sensibilité de la femme est plus grande et que la même peine appliquée indistinctement à la femme et à l'homme aurait en réalité une valeur inégale.

Toutes ces règles de morale dans la pensée de BENTHAM sont en même temps des règles de législation : le droit et la morale lui paraissent presque inséparables. Ce sont deux disciplines régies par les mêmes principes et tendant au même but, diriger les hommes en vue de leur bonheur (1). La mission du législateur, comme celle du moraliste, consiste à peser la somme des biens et des maux, des avantages et des inconvénients et à prendre le parti qui comporte le maximum d'utilité.

Il n'est pas sans intérêt d'indiquer les principales applications de cette idée à la législation civile et pénale : dans ces applications se développe toute la philosophie juridique de BENTHAM (2).

---

(1) *Introduction aux principes de morale et de jurisprudence*, ch. VIII, § I, p. 2.

(2) ELIE HALÉVY, t. I, chap. II.

Cette philosophie reste constamment dominée par le principe d'utilité. La réforme et le progrès du droit consistent à faire prévaloir le plus grand bonheur du plus grand nombre sur les intérêts de classe, spécialement sur les intérêts de la classe des gens de loi, que BENTHAM qualifie de sinistres (1). La loi intervient de deux manières : en définissant des droits impliquant par voie de réciprocité des obligations, en créant des délits et des peines.

Entendu dans le sens le plus large, le droit civil a pour objet de définir nos droits. En définissant ces droits, le législateur doit s'efforcer d'amener artificiellement l'intérêt privé à coïncider avec l'intérêt public : son but est atteint, lorsque le justiciable a plus d'avantage à respecter la loi qu'à la violer.

Toute obligation impliquant une restriction, une atteinte à la liberté constitue par cela même un mal. Elle ne peut se justifier que si elle procure un service correspondant, supérieur au trouble, à la gêne qu'elle occasionne. Trois causes peuvent déterminer le législateur à créer des obligations :

La première est celle de l'existence d'un besoin supérieur. On peut légitimement imposer l'obligation de rendre un service dont l'importance est de beaucoup supérieure à la charge qui en résulte pour l'obligé. On peut citer comme exemple l'obligation pour les parents d'élever et nourrir leurs enfants.

---

(1) ELIE HALÉVY, t. I, p. 57.

Elle assure la vie des enfants, et ne peut pas, dans la généralité des cas, compromettre celle des parents.

L'obligation peut encore se justifier par le fait d'un service antérieurement rendu. Ce principe de réciprocité explique notamment l'obligation alimentaire des enfants envers les parents, l'obligation de rembourser au dépositaire les avances faites pour la conservation de la chose. Récompenser les bonnes volontés c'est les encourager et les susciter (1).

L'obligation peut enfin résulter d'une convention, d'un contrat. Mais tandis que les juristes considèrent le contrat comme la principale source des obligations, BENTHAM le tient en médiocre estime, et ne le cite qu'en dernier lieu. Il partage le sentiment de HUME (2) et n'attribue une valeur au contrat que lorsque son exécution est conforme à l'intérêt public. Aussi énumère-t-il des cas relativement nombreux où la loi doit casser le contrat, refuser de le tenir pour valable (3). Il semble même que le principe d'utilité devrait le conduire logiquement à prononcer l'annu-

---

(1) BENTHAM. Traités. Code civil, 2⁰ partie, ch. v, n⁰ 2. Bruxelles, 3⁰ édit., 1840, t. I, p. 96.

(2) « Le mystère de la promesse ou du contrat est comparable en fin de compte, aux mystères de la transubstantiation et de la consécration, où une certaine formule accompagnée d'une certaine intention change entièrement la nature d'un objet extérieur et même d'une créature humaine. » HUME. Cité par ELIE HALÉVY, t. I, p. 70. Conf. BENTHAM. *Loco cit.*, t. I, p. 98.

(3) BENTHAM, t. I. *Loco cit.*, p. 97.

lation de tous les contrats qui offrent plus d'inconvénients que d'avantages. BENTHAM pourtant ne va pas jusque là et n'admet pas de nullité toutes les fois que le dommage causé résulte d'un fait accidentel et postérieur au contrat. Il se prononce en ce sens non par respect pour le contrat, mais parce qu'il présume que le maintien des contrats est en principe conforme à l'intérêt public. Toute transaction implique par hypothèse un supplément d'avantages, ce que les économistes appellent un *surplus subjectif*. C'est évident pour le cas de l'échange ; c'est également vrai pour toute aliénation. Celui qui vend un fonds de terre donne à penser qu'il n'est pas dans de bonnes conditions pour le conserver, l'exploiter, l'améliorer ; celui qui l'achète, au contraire, est présumé se trouver dans des conditions favorables à la bonne utilisation du bien. La somme des avantages résultant de l'ensemble des contrats l'emporte donc par hypothèse sur la somme des inconvénients.

Ce qu'on trouve encore dans BENTHAM, c'est l'analyse ingénieuse des besoins principaux des hommes, qu'il dénomme et classe ainsi : la subsistance, l'abondance, la sûreté, l'égalité. La loi n'a pas à intervenir pour assurer la satisfaction des deux premiers besoins. Ceux-là sont suffisamment impérieux, et dans la majorité des cas l'homme fera spontanément l'effort nécessaire pour assurer sa subsistance et se constituer des réserves. Au contraire, la sûreté est un des besoins auxquels le législateur doit pourvoir. Pour permettre à l'homme d'organiser sa vie, pour donner à ses efforts une suffisante continuité, il convient d'éviter à chacun la *peine d'attente trompée* : c'est ce que BENTHAM appelle le *désappointment preventing principle* (1). Ce principe est pour lui le vrai fondement du droit de propriété, qui n'est en réalité que l'attente justifiée de retirer certains avantages de la chose qu'on possède : « Il n'est point d'images, point de peinture, point de trait visible qui puisse exprimer ce rapport, que constitue la propriété. C'est qu'il n'est pas matériel, mais métaphysique. Il appartient tout entier à la conception de l'esprit » (2). Etre propriétaire d'un vêtement, d'un outil, ce n'est pas l'utiliser, c'est croire qu'on est assuré de pouvoir le garder. Consacrer la propriété, en légitimant, à certaines conditions, la possession actuelle ou ancienne, c'est encourager le travail, satisfaire au sentiment de juste attente (3).

En même temps le législateur doit chercher à établir l'égalité. Ce que BENTHAM entend par égalité, c'est l'égale importance des fortunes, l'égale répartition des biens. Pourquoi faut-il encourager, favoriser cette tendance à l'égalité ? BENTHAM, nous le savons, s'interdit tout appel aux principes *à priori* ; il ne fait pas intervenir l'idée d'une égalité naturelle

---

(1) BENTHAM. Traités de législ. Princip. du C. civ., 1re part. Ch. VII. *Loco cit.*, t. I, p. 62. — Conf. ELIE HALÉVY, t. I, p. 77

(2) Traités de législ. civile et pénale. (*C. civ.*, Part. I. chap. VIII.)

(3) ELIE HALÉVY. *Loc. cit.*, t. I., p. 79.

des hommes, d'un droit à l'égal développement de leur personnalité. Le principe utilité ici encore va suffire à tout justifier. Ce principe suggère tout une série de propositions, fondées comme lui sur l'expérience » (1).

1º A chaque portion de richesse correspond une portion de bonheur ; 2º l'excédent en bonheur du plus riche ne sera pas aussi grand que son excédent en richesse ; 3º par suite, « la déduction d'une portion de richesse produit dans le bonheur de chaque individu une diminution plus ou moins grande, en raison du rapport de la partie défalquée à la partie restante » (2). En d'autres termes, si la masse des richesses conservées est très supérieure aux besoins, l'importance de la richesse défalquée est très minime et reste inférieure à la part proportionnelle ; si, au contraire, la défalcation entame la portion nécessaire, l'importance de la déduction est très fortement sentie et très supérieure à la part proportionnelle. On voit que ces propositions sont en somme favorables à la thèse égalitaire. On augmente la masse totale de bonheur en prélevant sur le superflu des uns pour assurer le nécessaire aux autres. Mais comment concilier le principe d'égalité avec le principe de sûreté, puisqu'il existe entre eux une antinomie. BENTHAM fait la part de l'un et de l'autre avec une

---

(1) ELIE HALÉVY. T. I, p. 82.

(2) BENTHAM. *C. civ.* 1ʳᵉ partie. Ch. VI, t. I, p. 62.

ingéniosité subtile. Ce qui complique la difficulté, c'est qu'il faut, à son sens, tenir compte de cet autre principe que le mal que l'on fait en dépouillant les uns n'équivaut pas au bien qu'on fait en enrichissant les autres. « Bien de gain n'est pas équivalent à mal de perte » (1).

On peut se déterminer à l'aide des deux idées suivantes : Il est désirable de supprimer toute entrave à la circulation des biens, puisqu'on a lieu de penser que celui qui veut acquérir est mieux en état d'administrer que celui qui veut aliéner. Il faut considérer le temps comme le grand médiateur entre les intérêts contraires. « Voulez-vous suivre les conseils de l'égalité sans contrevenir à ceux de la sûreté ; attendez l'époque naturelle qui met fin aux espérances et aux craintes, l'époque de la mort » (2). A ce moment, le législateur peut intervenir, sans blesser l'attente des héritiers aussi vivement qu'il eut blessé par une intervention intempestive celle du propriétaire primitif. Le droit de succession doit avoir un triple objet, il doit pourvoir à la subsistance de la génération naissante, prévenir les peines d'attente trompée, tendre à l'égalisation des fortunes (3).

---

(1) Il est intéressant de retrouver sous cette forme la distinction du *dammum vitandum* et du *lucrum captandum* appliquée par exemple dans le cas de l'action Paulienne ?

(2) Principes du Code civil, 1re partie, ch. XII, édit. précitée. T. I, p. 67.

(3) BENTHAM. Trait. de lég. *C. civ.*, 2e part. Ch. III, t. I, p. 91.

De ces principes BENTHAM déduit toute une série de conséquences. Il convient de limiter la faculté de tester, jusqu'au point où elle deviendrait un encouragement à la dissipation. Tous les enfants recueillent par parts égales la succession de leurs parents. Les parents, tout au moins certains ascendants, n'ont droit, en cas de prédécès de leurs enfants, qu'à une rente viagère. Les collatéraux sont presque complètement exclus. Ils ont en effet « pour ressource naturelle la propriété de leur auteur et n'ont pu asseoir leur attente et fixer leur plan de vie que sur cette base » (1). En somme, ce que souhaite BENTHAM, c'est un égalitarisme modéré, qui vraisemblablement, comme le dit ELIE HALÉVY (2), dans les périodes de crise ne suffira pas longtemps aux adeptes de l'utilitarisme. Mais dans l'opinion de BENTHAM, quand le conflit entre l'égalité et la sûreté est irréductible, la sûreté doit l'emporter (3).

Ce bref exposé des idées de BENTHAM (4) ne sau-

---

(1) BENTHAM. Traités de législ. civile et pénale. (*C. civ.*, 2e part., ch. III, art. XI.)

(2) T. I, p. 91.

(3) « Quand la sûreté et l'égalité sont en conflit, il ne faut pas hésiter un moment. C'est l'égalité qui doit céder ». BENTHAM. *C. civ.* 1re par., ch. XI, t. I, p. 66.

(4) Nous ne parlons pas de sa philosophie du droit pénal qui a pour nous moins d'intérêt que la philosophie du droit civil, mais qui répondait davantage aux préoccupations de son temps. C'est une théorie scientifique de la peine fondée sur le principe

rait suffire à donner une idée d'ensemble de l'utilitarisme. Il faudrait pouvoir le suivre dans ses développements, le voir agrandi, épuré par les disciples de Bentham, Stuart Mill, Sumner-Maine, Herbert Spenger et devenant la conception nationale de l'Angleterre, comme les Droits de l'homme l'ont été longtemps pour la France et comme la doctrine historique de la conscience nationale l'a été pour l'Allemagne. Chacun des trois grands peuples de l'Europe a pour ainsi dire adopté une idée du droit qui lui est propre (1). La France poursuit un but idéal, conquérir et sauvegarder la liberté humaine ; en Allemagne, le droit tend à se confondre avec l'action et la puissance de l'État ; en Angleterre, le droit se conçoit, comme un intérêt socialement garanti. Que cette conception utilitaire ait formé

---

de l'utilité. La peine est un contre-délit commis avec l'autorité de la loi : mais tandis que le délit commis pour le profit d'un seul produit un mal universel, la peine par la souffrance d'un seul produit un bien général. C'est un équivalent mieux dosé, plus avantageux que celui que procure la vengeance, forme primitive et d'ailleurs utile de la justice. Le principe d'utilité conduit à cette conséquence ·que la peine pour être efficace doit surpasser le profit du délit. Il faut se garder de toute erreur d'appréciation, mais la plus dangereuse serait l'erreur en moins parce qu'elle rendrait la peine inefficace. Bentham reconnaît pourtant que « l'erreur du côté plus est au contraire la pente naturelle de l'esprit humain et des législateurs. » (V. E. Halévy, t. I, p. 93-131.)

(1) V. A. F. Fouillée. *L'idée moderne du droit.*

des caractères énergiques, se respectant, se faisant respecter, qu'elle ait contribué à la grandeur, la prévoyance, l'admirable activité de la politique anglaise, cela est hors de doute. Il convient toutefois de se rendre compte que cet utilitarisme élevé n'est pas aussi empirique qu'il le paraît. Il comporte inconsciemment une part souvent très grande d'idéalisme.

Et d'abord, il y a de l'idéalisme dans la substitution de l'intérêt social à l'égoïsme individuel. On ne peut guère, en effet, refuser de reconnaître que si l'individu ne veut faire aucun sacrifice à l'intérêt collectif, la vie sociale se désagrège. Comment décider l'homme à remplir ses devoirs de famille, à défendre sa patrie, à se dévouer ? C'est là le problème qui s'impose à tous les utilitaires. Et la variété des solutions proposées donne à penser qu'il n'y en a pas de bien satisfaisante.

Celle qui prétend se passer d'idéalisme, c'est la doctrine de Hume, *l'identification artificielle des intérêts* (1). Pour Hume, tout homme en principe doit être tenu pour un fripon : *every man should be have a Knave.* L'art de la politique consiste à utiliser et exploiter les bas mobiles d'action dans l'intérêt public, à tirer parti de l'ambition, de la vanité, de la convoitise, de la peur. Ainsi le courage dans la guerre, n'est qu'une des formes de la fuite, la fuite en avant,

______

(1) E. Halévy, t. I, p. 23.

parce que le soldat est encadré de telle façon que s'il tourne le dos, il est inévitablement perdu. Marcher en avant est pour lui le seul moyen de se sauver. Au fond, c'est bien là la doctrine de BENTHAM, et c'est très probablement elle qui a inspiré la politique dans presque tous les temps et dans tous les pays. Heureusement, ou malheureusement, l'égoïsme est plus rusé qu'on ne le croit, et ne se laisse pas si facilement tromper. Il veut être satisfait et ne l'est le plus souvent qu'au détriment de l'intérêt public. En dégradant les caractères, on aboutit à la ruine de l'État. Il n'y a pas là le minimum d'idéalisme nécessaire pour permettre à la société de subsister.

En sens contraire, on a soutenu que l'intérêt privé s'identifie spontanément à l'intérêt public, parce que le bonheur des autres est nécessaire au nôtre. C'est la morale de la sympathie, de la bienveillance, celle d'HUTCHESON, d'ADAM SMITH qui peuvent être aussi considérés comme des utilitaires (1). Mais l'expérience dément cette illusion. Les tendances altruistes sont faibles chez la plupart des hommes, et ne constituent un mobile d'action que dans des cas exceptionnels. Sans doute, nous prenons parfois notre plaisir à partager celui des autres, —— mais si cette bienveillance doit nous coûter une gêne trop forte, un sacrifice trop dur, elle devient aussitôt inefficace. A coup sûr l'intérêt social serait bien mal assuré,

---

(1) E. HALÉVY, t. I, p. 16.

s'il ne fallait compter que sur la sympathie des hommes les uns pour les autres.

Une thèse intermédiaire est celle de l'harmonie des intérêts égoïstes. L'égoïsme est prédominant, mais les égoïsmes « s'harmonisent d'eux-mêmes et produisent mécaniquement le bien de l'espèce » (1). C'est l'optimisme économique, qui prétend nous montrer qu'en poursuivant leur propre intérêt par l'échange, la concurrence, la division du travail, les individus concourent au bien général. Ici encore la réalité a donné à ces affirmations un cruel démenti. Il faut fermer les yeux pour ne pas voir à chaque instant que la somme des intérêts particuliers est en opposition avec l'intérêt général.

Ainsi, aucune explication n'est vraiment décisive. Si l'on ne veut pas faire à l'idéalisme sa part, il n'existe pas de moyen d'obtenir et de justifier le sacrifice, la soumission des intérêts privés.

Une autre part d'idéalisme se retrouve dans la conception d'un utilitarisme épuré, celui de STUART MILL, celui de SPENCER.

Il n'est pas douteux que BENTHAM lui-même ait eu le sentiment du droit. Son utilitarisme ne le mettait pas à l'abri de ces mouvements de conscience provoqués par le spectacle d'une injustice. Nous pourrions citer comme exemple son dégoût de la carrière

_____

(1) E. HALÉVY, t. I, p. 20. Conf. BENTHAM. Principes du Code pénal, 1re partie, ch. VIII, t. I, p. 125.

du barreau, à une époque où les gens de loi vivaient d'abus (1). Délibérément, il résiste au désir de son père. « Dans le chemin que je suis, écrit-il en 1772, je marche plein d'allégresse et d'espérance ; dans tout autre, je me traînerais sans élan et à contre-cœur. Pardonnez-moi, Monsieur, de vous le déclarer simplement une fois pour toutes » (2).

La même année, il s'associa à l'agitation organisée dans l'Université de Cambridge pour dispenser les étudiants et les membres de l'Université de l'obligation d'adhérer aux trente-neuf articles de l'Église anglicane. Son contemporain WILLIAM PALEY, comme lui moraliste utilitaire, et par surcroît théologien, se dérobe « alléguant qu'il n'a pas de quoi se payer le luxe d'une conscience » (3). Au reste, n'est-il pas logique en considérant « qu'un système de moralité fondé sur des instincts trouve des raisons et des excuses aux opinions et aux pratiques établies ». BENTHAM prend la question plus au sérieux : « Il se souviendra toute sa vie, dit ÉLIE HALÉVY (4), avec quelle horreur lors de son temps d'études à Oxford il vit expulser cinq étudiants méthodistes pour crime d'hérésie ; avec quelle horreur, il se vit obligé d'adhé-

----

(1) E. HALÉVY, t. I, p. 37.

(2) Cité par E. HALÉVY, t. I, p. 37.

(3) Memoirs of William PALEY by George Wilson MEADLEY, 2e éd., 1810, p. 89.

(4) T. 1, p. 36.

rer sans la foi aux trente-neuf articles : les angoisses qu'il éprouva ce jour-là, il les compare à celles de Jésus crucifié. »

Ce même mélange d'idéalisme se retrouve dans le caractère et plus encore dans la doctrine de STUART MILL et de SPENCER. STUART MILL se fait à lui-même illusion, quand il tient pour empirique sa notion de l'utilité : ce qu'il entend par là, « c'est l'utilité dans le sens le plus élevé du mot, l'utilité fondée sur tous les intérêts permanents de l'homme comme être progressif » (1). Entre les intérêts, il établit une hiérarchie : ainsi la dignité représente pour lui la valeur suprême du plaisir. « Cette mesure, dit BERNÈS (2), paraît sous cette forme assez incertaine ; mais c'est bien un élément de valeur idéale qui s'ajoute ici à la considération de la généralité naturelle des tendances. La comparaison des plaisirs est une opération rationnelle et non pas seulement une donnée empirique. » Il n'y a donc pas à s'étonner, s'il a le même respect pour la dignité et la liberté de l'homme (3)

---

(1) STUART MILL. *Liberté*, p. 19. — Conf. BEUDANT, p. 179.

(2) Programmes détaillés d'un cours de philosophie. Morale, p. 6.

(3) « Le seul objet qui autorise les hommes individuellement ou collectivement à troubler la liberté d'action d'aucun de leurs semblables est la protection de soi-même ; la seule raison légitime que puisse avoir une communauté pour user de la force contre un de ses membres est de l'empêcher de nuire aux autres ; pour ce qui n'intéresse que lui, son indépendance est de droit absolu. » (*Liberté*, p. 17.)

que les idéalistes de l'École du droit naturel. Visiblement, sa pensée ne se laisse pas emprisonner dans son système : elle s'en échappe.

On peut faire, en lisant SPENCER, les mêmes observations. Sans doute, c'est pour elle-même et dans son propre intérêt que la société ne doit pas opprimer l'individu ; parce qu'elle est sans force si les individualités ne sont pas respectées. Mais partant de cette idée, SPENCER aboutit à une conception très intransigeante du droit individuel. « La subordination de la minorité à la majorité est légitime, tant qu'elle n'implique d'autres restrictions à la propriété et à la liberté que celles nécessaires pour la meilleure protection de cette liberté et de cette propriété ; et en même temps une telle subordination n'est pas légitime au delà ; en effet, elle impliquerait une atteinte aux droits de l'individu plus forte qu'il n'est nécessaire pour les protéger ; ce qui entraîne une violation du principe vital qu'il s'agit de défendre » (1).

On peut emprunter à son autobiographie des citations, qui nous paraissent encore plus significatives. SPENCER raconte qu'il a cru devoir renoncer à une situation avantageuse qu'il occupait dans une Compagnie de chemin de fer, parce qu'un de ses amis attaché à la même Compagnie avait été victime de l'injustice d'un de ses chefs. Sa conduite en cette

---

(1) SPENCER. *L'individu contre l'Etat*, p. 153.

occasion lui suggère la réflexion suivante : « Dans
ce cas, comme dans beaucoup d'autres, ce fut le sentiment de la justice, le plus abstrait de tous, qui pré-
domina. Ce sentiment l'emporte à tel point chez moi
sur les autres sentiments moraux que, lorsque je vois
qu'on ne le respecte pas, il en résulte que la bonne
opinion, que j'avais jusque-là eu raison de me former
de celui qui l'offense, en est oblitérée » (1).

Si l'utilitarisme ainsi interprété implique une très
haute et très belle conception du droit, c'est qu'il
contient, à son insu, une certaine quantité d'idéalisme. C'est ce qui a permis à la morale utilitaire de
former, de soutenir le caractère d'un grand pays.

Et néanmoins, « l'utilitarisme reste attaché, on
peut dire rivé à son principe originel. Même quand

---

(1) Autobiographie. Tr. de VARIGNY, p. 74. Dans une lettre
à un de ses amis, il fait lui-même l'analyse de ce sentiment
de la justice. « Il nous faut donc supposer que le sentiment
de la justice est une combinaison de la sympathie avec une
autre faculté. Je crois que c'est un *sens des droits personnels*.
Il est évident qu'un tel pouvoir est capable de produire l'im-
pulsion nécessaire. La justice pourrait même être appelée la
sympathie pour les droits personnels des autres, et la vérité
de ceci peut être presque prouvée par l'analyse de ses propres
sentiments. Si vous analyser les sentiments d'indignation que
vous éprouvez, en lisant le récit de la tyrannie et l'oppression de l'homme par l'homme, vous trouverez que l'émotion
est strictement pareille à celle qui se produit en vous, quand
on empiète sur un de vos propres privilèges, et plus le sentiment devient puissant, plus forte devient la similitude. » Lettre
écrite à Lott en octobre 1843. Autobiographie, p. 97.

il se rapproche du libéralisme par les résultats, il continue à en différer profondément par l'esprit : vienne l'occasion, les divergences entre eux, quant aux tendances, reparaissent profondes » (1). Dans une période troublée, dans une crise national? ou sociale, l'utilitarisme fournit une arme singulièrement inquiétante aux partisans de la souveraineté du but : *Salus populi suprema lex esto*. On pourrait appliquer à la doctrine utilitaire la même observation qu'à la doctrine de ROUSSEAU sur la volonté générale. Cette conception d'une volonté souverainement éclairée, souverainement impartiale est irréelle : en fait, la volonté générale sera celle des gouvernants passionnés, vindicatifs, investis d'un pouvoir que rien ne limite. Ainsi, BENTHAM, STUART MILL, SPENCER sont des libéraux qui ont le sentiment de la justice. Mais l'utilitarisme sera souvent mis au service du despotisme et justifiera de grandes iniquités. Bien que contenu en Angleterre par des mœurs et des traditions d'individualisme, il n'en a pas moins dans bien des cas marqué de son empreinte la politique anglaise. Tous les peuples ont pratiqué l'injustice, la violence, l'oppression des faibles : mais le cas échéant, l'Angleterre a commis ces injustices avec sérénité. La masse de l'opinion n'en a pas été troublée parce que ses passions, ses intérêts se confondaient avec son sentiment du droit.

---

(1) BEUDANT. *Droit individuel et l'État*, p. 181.

V

ÉCOLE SOCIOLOGIQUE OU POSITIVE

L'École sociologique n'a pas, à première apparence, de caractère bien défini ; elle emprunte aux deux écoles précédentes quelques-unes de leurs conceptions. Comme l'École historique, elle envisage le droit dans son évolution, dans ses changements successifs et les rattache aux changements que subit la société elle-même. Comme l'École utilitaire, elle voit dans les institutions des moyens de donner satisfaction à l'intérêt social. Elle s'est substituée partiellement à chacune d'elles en Allemagne et en Angleterre ; elle opère entre elles une sorte de fusion. Souvent ses représentants appartiennent en même temps à l'une des deux écoles : ainsi Spencer est à la fois utilitariste et sociologue. L'École sociologique a pris en France une très grande importance : c'est un Français, Auguste Comte, qui l'a fondée. Elle ne comporte pas sans doute une complète unité de doctrines : entre des opinions qui semblent se rapprocher subsistent souvent bien des différences. Souvent les tendances mêmes sont contraires. Spencer, par exemple, se défendait même d'avoir subi l'influence d'AUGUSTE COMTE, et ses tendances très individualistes font un contraste singulier avec celles de la plupart des sociologues. A côté de l'École de DURKHEIM et du groupe dévoué de ses collaborateurs on pourrait citer nombre de philosophes français qui ont subi plus ou moins l'influence des méthodes sociologiques, et représentent comme autant de nuances intermédiaires entre le positivisme et le rationalisme (1). Ce qu'a surtout de caractéristique l'École sociologique, c'est son effort obstiné pour donner à la morale un fondement scientifique. Elle se donne pour but, suivant l'expression de M. DURKHEIM (2) « d'intégrer la science sociale dans le système général des sciences naturelles ». Cette ambition n'est pas nouvelle, nous savons que BENTHAM rêvait déjà d'être le NEWTON de la morale. Tout au moins, la tendance est ici beaucoup plus accusée. Elle détermine la méthode, qui consiste à étudier les faits sociaux en eux-mêmes, les constater et chercher à les expliquer, en mettant à profit tous les procédés d'observation, recherches historiques, enquêtes, statistiques, pour essayer de connaître toutes les conditions de la vie en commun. C'est bien là ce que fait la science : n'at-elle pas pour objet de constater des phénomènes,

____

(1) Par exemple, LÉVY-BRUHL, ESPINAS, BELOT, peut-être RAUH.

(2) *Rev. internationale de l'Enseignement*, 1888, p. 29.

de les rattacher à des phénomènes antécédents qui paraissent leur servir de causes, d'expliquer les uns par les autres ?

L'hypothèse de l'évolution a été ainsi appliquée aux sciences sociales, comme elle l'avait été aux sciences de la nature. Elle a renouvelé la linguistique, la philologie comparée, l'histoire des religions. Les institutions des peuples civilisés ont été considérées comme le produit d'une sélection, parce que les sociétés qui n'ont pas su se discipliner, s'organiser, qui ont pratiqué le vol, la violence, l'assassinat, se sont éliminées elles-mêmes. Les formes différentes du mariage par rapt, par achat, par libre contrat correspondent à des progrès successifs de la vie collective. Il en est de même de la substitution du droit pénal social à la vengeance privée. Le passage de la propriété collective à la propriété individuelle est lié aux progrès de la production (1).

Ainsi le droit résulte par voie de conséquence de l'intervention exercée par la société, dans son propre intérêt, intervention destinée à faire cesser ou pré-

----

(1) « On a reconnu au Canada que les populations indigènes qui vivent de la chasse ont besoin de l'énorme superficie de 15 milles carrés (3.800 hectares) par tête, pour pouvoir vivre. Au-dessous de cette limite la famine les décime. Or, l'agriculture, telle qu'elle est pratiquée dans l'Europe occidentale, peut nourrir de 1 à 2 habitants par hectare, c'est-à-dire 4 à 5.000 fois plus. » (CH. GIDE. *Principes d'Economie politique*, VIe édit., p. 517, n° 1.)

venir les conflits. Loin de considérer que le délit suppose le droit et n'est que la sanction de sa violation, il faut admettre au contraire avec M. Gaston Richard (1), que le droit naît du délit. Le point de départ, c'est l'intervention prohibitive destinée à éviter le conflit. La société par exemple interdit à ses membres de s'emparer par la violence et par la fraude d'un bien déjà possédé : elle punit le vol, le pillage, le maraudage et par cela même garantit la possession paisible de la richesse et crée la propriété (2). De même, en punissant le viol, le rapt, l'infanticide ou l'exposition des enfants, on a dégagé indirectement la nature juridique du mariage, impliquant libre consentement de la femme, obligations des parents vis-à-vis des enfants (3). Si l'on se demande comment s'est formée la conception juridique des contrats, on est amené à penser qu'elle provient, par opposition, des mesures prises pour réprimer le faux et la fraude, l'abus de confiance, l'escroquerie, l'émission de fausse monnaie : de là se déduit par voie de conséquence la validité d'un engagement conclu loyalement sans fraude et sans violence (4).

Le droit est donc l'ensemble des moyens, à l'aide desquels chaque groupe se protège contre les trou-

----

(1) Gaston Richard. *Origine de l'idée du droit*, p. 54.
(2) *Id.*, p. 54.
(3) *Id.*, p. 55.
(4) *Id.*, p. 55.

bles suscités par certains de ses membres ou l'hostilité des autres groupes, en réduisant la concurrence vitale au *minimum* indispensable (1). En nous montrant comment la société intervient pour se défendre, pour assurer sa conservation ou son développement, la sociologie, par cela même, tend à faire prévaloir la notion de l'intérêt social. Auguste Comte considérait qu'à proprement parler l'individu n'a pas de droits ; il n'a que des devoirs. « Chacun a des devoirs et envers tous, mais personne n'a aucun droit proprement dit. Nul ne possède plus d'autre droit que celui de faire toujours son devoir » (2). On fait abstraction des rapports des individus entre eux, pour envisager dans son ensemble les rapports de la masse totale des individus avec elle-même : en ce sens, la société seule à tous les droits ; vis-à-vis d'elle, l'individu n'a que des devoirs. Tous les sociologues, il est vrai, n'arrivent pas à ces conclusions. Certains d'entre eux ont au contraire tendance à opposer l'individu à la collectivité. Certaines formules de Spencer donneraient à croire qu'il admet comme Kant le droit naturel de l'homme. « Tout homme est libre d'agir à son gré pourvu qu'il n'enfreigne pas la liberté égale de n'importe quel homme » (3). On dirait un principe emprunté à la Déclaration des droits de l'homme. Il ne faut pas cependant s'y

---

(1) Gaston Richard. *Origine de l'idée du droit*, p. 5.

(2) Auguste Comte. *Politique positive*, t. 2, p. 361.

(3) *Justice*. Trad. Castelot, p. 52.

tromper. La différence est caractéristique. Il ne s'agit plus ici d'un principe rationnel *a priori*, mais simplement d'une idée fondée sur ce fait d'expérience que le respect de l'individu est une bonne politique sociale et constitue pour la société le meilleur moyen de se conserver et de se défendre (1). Elle a besoin pour progresser de rassembler de fortes individualités : elle doit se garder de les étouffer, de les paralyser par un excès de réglementation, surtout à l'époque actuelle où la forme industrielle se substitue à la forme sociale militaire. En asservissant l'individu, la société s'affaiblit. Mais cet individualisme n'est qu'un simple correctif : c'est la part faite à la concurrence qui doit se concilier avec le respect de l'ordre. Il n'en demeure pas moins vrai que la justice est conçue et établie dans l'intérêt de la société (2). C'est le développement de cette société, le progrès de l'espèce qui est le but final. Et c'est à la préoccupation de ce but qu'on sacrifiera tout. « La pauvreté des incapables, la détresse des imprudents, l'élimination des paresseux et cette poussée des forts qui met de côté les faibles et en réduit un si grand nombre à la misère, sont le résultat nécessaire d'une loi générale, éclairée et bienfaisante » (3).

---

(1) V. EHRHARDT. *La crise actuelle de la philosophie du droit*, p. 156.

(2) EHRHARDT. *Id.*, p. 158.

(3) SPENCER. *Social Statics*, p. 69.

Ainsi l'école sociologique, l'école utilitaire, l'école historique aboutissent à des conclusions presque identiques : elles éliminent l'ancienne notion du droit (1). Nous nous trouvons donc toujours en présence du même dilemme, obligés de choisir entre deux conceptions, qui ne peuvent pas nous satisfaire : ou bien fonder le droit sur un principe *a priori* que la raison ne justifie pas ; ou bien le considérer comme un simple expédient, comme un succédané de la force, comme un artifice employé par la société pour pourvoir à son utilité.

Les conséquences d'un pareil état d'esprit n'ont pas manqué de se produire. On ne peut refuser de les apercevoir dans la crise morale actuelle, si souvent signalée, et décrite par M. Bureau (2) d'une façon saisissante. Assurément, cette crise a des causes de toutes sortes, mais ce qui ne paraît pas niable c'est qu'elle est en partie provoquée par la diminution d'idéalisme, par le fait que les individus sont de moins en moins disposés à se sacrifier (3).

____

(1) « Dans la nature il n'y a pas de droit ; il n'y a que des faits ». Danten. *Nature des choses*, p. 154.

(2) *La crise morale des temps nouveaux.*

(3) « Dans une société comme la nôtre et relâchée moralement comme la nôtre, demander à des êtres en chair et en os de résister aux entraînements auxquels les autres cèdent, de choisir une vie souvent étroite et gênée, de lutter contre les calculs d'intérêt ou d'égoïsme, de combattre toutes les faiblesses, toutes les complaisances, de passer par toutes les angoisses d'une vie

Ce qui n'est pas moins évident, c'est que le sort du droit est lié à celui de la morale : la ruine de la morale entraîne celle du droit.

En effet, le droit ne s'impose pas seulement par la contrainte ; il emprunte son autorité à la conscience, au sentiment de ceux qui l'élaborent et de ceux à qui la loi s'applique.

Si le législateur répudie tout idéalisme, il ne voit plus dans la loi qu'un moyen de se faire obéir, de mettre au service de sa politique la puissance de l'organisation sociale. Dans un pays où le pouvoir législatif est tout puissant, où les droits publics ne sont pas des droits garantis par la Constitution, la séparation des pouvoirs n'est qu'une fiction. Tout est possible au législateur, ou du moins lui paraît possible. La loi n'est qu'un moyen de réduire ses adversaires à l'impuissance. Si le résultat n'est pas atteint du premier coup, on peut toujours voter une seconde loi, une troisième loi. Si l'interprétation d'un texte déjà voté laisse place au doute et que la question soit soumise aux Tribunaux, on peut, par une loi de dessaisissement, leur interdire de statuer, et par une loi interprétative substituer une interprétation plus favorable à celle qui semblait devoir pré-

morale vraiment profonde et active, leur demander cela est-ce que ce n'est pas un effort héroïque pour lequel la petite vertu bourgeoise est loin de suffire, pour lequel un véritable héroïsme est souvent nécessaire. » (P. BUREAU, *Bulletin de la Société française de philosophie*, avril 1908, p. 144, v. q. q., p. 145.)

valoir (1). C'est une façon de tourner le principe de
la non-rétroactivité des lois, qui ne s'impose pas
d'ailleurs au législateur et peut être violé ouvertement. En matière fiscale, on pratique le système des
tours de vis multipliés ; les lois sont l'objet de rema-
niements incessants ; des taxes d'abord modérées
sont successivement aggravées.

Les mêmes causes suscitent à peu près le même
état d'esprit chez le citoyen soumis à la loi. Il n'a
plus de respect pour elle ; elle n'a plus pour lui
aucune valeur morale. Il réclame des lois d'exemp-
tion, des lois de privilèges, des lois de subventions
sans se soucier de l'atteinte portée à l'intérêt public.
Si la loi le choque ou le gêne, il emploie tous les
moyens de s'y soustraire, le mauvais vouloir, la si-
mulation, la fraude et même au besoin la violence (2).
Les réformes deviennent presque impossibles parce

----

(1) Sur les lois interprétatives et spécialement sur la loi
du 13 avril 1908 influent sur la solution de vingt mille procès
engagés contre l'Administration des domaines, on peut consulter le remarquable article de M. BARTHÉLEMY. De l'interprétation des lois par le législateur (*Revue du droit public*, juil-
let-août-septembre 1908 et tirage à part).

(2) On peut trouver une abondante collection d'exemples
dans le livre de M. MAXIME LEROY, *la Loi*, qui s'efforce de
démontrer que tout le monde en France travaille à la ruine
de la légalité. Bornons-nous à citer après lui le texte d'un manifeste publié en 1907, par la Fédération des commerçants
détaillants de France : « La Fédération des commerçants détaillants de France a l'honneur d'informer les syndicats affiliés et

qu'il faudrait opter entre une application illusoire ou des mesures draconiennes. Le système aboutit à la fois à l'arbitraire et à l'impuissance de la loi. Sans esprit de légalité, la société est continuellement ballottée de l'anarchie au despotisme. La démocratie ne peut être un régime de progrès, de liberté, de justice que si la loi est respectée par celui qui la fait et par celui pour qui elle est faite. Or, ce respect suppose une croyance commune, un *minimum* d'idéalisme. Quand on va au fond des choses, on constate que la vie exige pour chacun de nous ce résidu de sentiments, soumis au contrôle de la raison, mais que la raison ne nous donne pas. Pour agir, faire des projets, profiter de l'expérience, s'orienter vers un but déterminé, il faut se considérer comme libre, accepter la liberté comme un postulat. Pour avoir des raisons d'agir, de s'intéres-

---

ses membres adhérents qu'à la suite de son énergique intervention, M. le Garde des Sceaux a pris l'engagement dans la séance du 28 mars « de ne pas poursuivre l'exécution des jugements rendus à l'occasion de la loi sur le repos hebdomadaire et de suspendre les procès-verbaux en cours. »

En conséquence, les commerçants détaillants de France ont, jusqu'à nouvel ordre, le droit de refuser le paiement des sommes, montant des condamnations prononcées contre eux, et qui pourraient leur être réclamées par des agents de l'administration trop zélés.

En cas de nouvelles poursuites injustifiées, prière d'en aviser sans retard le Secrétariat de la Fédération ». (*Journal le Radical*, n° du 1er avril 1907. MAXIME LEROY. *La loi*, p. 320).

ser à la vie, il faut s'attacher à quelque chose qui
nous dépasse, se sentir soutenu, dirigé par un certain nombre de sentiments, la sympathie, le devoir
ou l'honneur. On dira si l'on veut que ce sont des
sentiments religieux (1). C'est un fait certain qu'un
nombre considérable de personnes, appartenant ou
non à des confessions religieuses, cherchent à réaliser dans leur vie l'accord du sentiment et de la
raison. Tous ceux qui se dévouent à quelque chose
qui les dépasse ou leur survit ont, en certains sens,
une âme religieuse. Le caractère religieux du socialisme par exemple est la condition de son action
sociale : si le socialisme répudie tout idéalisme, il est
destiné à être constamment trahi par ses chefs. Dès
que ceux-ci ont obtenu satisfaction pour eux-mêmes,
ils doivent logiquement se détacher de la cause dont
ils se sont servis, sans encourir aucun reproche, si
l'égoïsme est tout.

Ainsi, pour se soutenir, pour avoir la force d'agir
et de supporter la vie, il faut faire à la raison et au
mysticisme leur part. Selon la parole de Loisy :
« Quiconque croit au bien, au vrai, d'une façon
absolue, est un mystique : car on ne peut démontrer
rigoureusement la valeur objective de nos connaissances, et l'on ne démontre pas davantage la valeur

____

(1) W. James caractérise ainsi la pensée religieuse : « C'est
la croyance qu'il existe un ordre de choses invisible, auquel
notre bien suprême est de nous adapter harmonieusement.
(*L'expérience religieuse.* Trad. Arauzit, p. 145).

9

de l'idéal moral, sans lequel pourtant aucune vie individuelle, aucune société humaine ne sont sérieusement assises » (1).

---

(1) A. LOIZY. *Quelques lettres sur les questions actuelles*, p. 67.

VI

CAUSES ET CARACTÈRES

D'UNE

RENAISSANCE DE L'IDÉALISME JURIDIQUE

———

Lorsque parut en 1891 le beau livre de Beudant sur le *Droit individuel et l'État*, l'idéalisme juridique était dans notre pays singulièrement discrédité. Beudant renouait la tradition, revenait à la Déclaration des droits de l'homme, à l'École du droit naturel, fondait le droit sur la raison, opposait le droit individuel à l'État, et même exagérait cette opposition en voyant dans toute intervention de l'État une restriction du droit individuel (1). Sans aller aussi loin que lui, on devait reconnaître qu'il dénonçait un péril réel : la négation de l'idée du

———

(1) Souvent au contraire cette intervention est destinée à sauvegarder le droit du plus faible. Quand l'État restreint ou contrôle la puissance maritale, la puissance paternelle, il garantit les droits de la femme et de l'enfant ; quand il limite la durée du travail, il sauvegarde plutôt qu'il ne compromet la liberté de l'ouvrier.

droit entraînait la démocratie dans une voie d'absolutisme ; on suivait un courant contraire à celui de
la Révolution qui a voulu par-dessus tout libérer
l'individu, assurer la dignité de sa vie. Dans une conclusion attristée, BEUDANT passait en revue ses adversaires, constatait la force croissante de l'attaque
la faiblesse de la résistance. A droite et à gauche, il
retrouvait dans les doctrines qu'il combattait le
même mépris du droit, la même intolérance, la même
tendance à l'omnipotence de l'État.

Les événements qui se sont succédé, la crise si
douloureuse par laquelle nous avons passé ont
montré les dangers de cet affaiblissement de l'idée
du droit. Beaucoup de bons citoyens ont alors senti
la nécessité de faire un effort pour restaurer l'esprit
de l'égalité, pour éclairer l'opinion, pour l'intéresser
à la défense du droit. On a compris qu'une démocratie ne pouvait pas se passer d'idéal, sans lequel
la République n'était plus qu'un régime précaire, à
la merci d'une coalition de mécontents, destiné à
sombrer dans une dictature. Des signes inquiétants
révélaient une altération, une diminution de la
moralité. La morale, appuyée pendant longtemps
sur les croyances religieuses, cherchait un autre
point d'appui. Au moment où la loi reconnaissait la
liberté d'association, on se rendait compte que l'association exige elle aussi une bonne volonté géné-
reuse : elle doit avoir un but idéal et désintéressé au
moins partiellement. Les partis politiques eux-
mêmes ont un certain besoin d'idéalisme : ils ne

peuvent se maintenir et tendent à se détruire en devenant de simples syndicats d'intérêts pour la conquête et pour le partage du pouvoir (1).

En même temps s'est produit dans notre pays un réveil du sentiment religieux, distinct de la croyance dogmatique, affectant des formes nouvelles : « Cet esprit religieux, dit M. ALFRED CROISET, dans sa préface au livre de M. PAUL BUREAU, vous n'hésitez pas, vous croyant, à le reconnaître sous des formes, qui le dissimulent en général à la foule des fidèles de toutes les religions positives. Vous le découvrez dans toutes les grandes doctrines qui soulèvent aujourd'hui tant d'incroyants ; dans le socialisme, dans le solidarisme, même dans le laïcisme. Partout où vous trouvez un idéal, une foi, un dévouement

---

(1) « Mais tout de même un grand parti, après avoir institué un régime qui se confond avec le pays lui-même, n'a pas le droit de vivre sur le passé. Il n'a pas le droit de vivre sans idéal. Il faut un idéal, il faut donner au peuple un aliment dont il lui est impossible de se passer... Aux braves gens, aux vaillantes gens qui composent ces comités et forment les cadres de l'armée républicaine, et qui ne demandent, soyez en sûrs, qu'à dépenser leur activité et leur zèle dans l'intérêt public, au service d'un idéal généreux et noble, il faut donner un aliment plus sain, plus substantiel, mieux approprié aux besoins de la propagande ; à travers toutes ces petites mares stagnantes, croupissantes, qui se forment et s'élargissent un peu partout dans le pays, il convient de faire passer au plus vite un large courant purificateur, qui dissipe les mauvaises odeurs et tue les germes morbides. » (Discours de M. BRIAND à Périgueux. *Le Petit Temps* du 12 octobre 1909).

passionné à cet idéal, vous apercevrez des germes
d'esprit religieux. Par contre, là où des croyances
figées et comme mortes ne recouvrent qu'un positivisme pratique assez mesquin, vous dénoncez un
paganisme, qui s'ignore. Combien vous avez raison » (1). Dans toutes les sociétés constituées pour
rapprocher les bonnes volontés qui poursuivent un
but désintéressé, action pour la vérité, relèvement
moral, défense du droit, assistance, enseignement,
on sent un certain courant d'idéalisme. Un des
hommes les mieux renseignés sur les choses religieuses en France, M. PAUL SABATIER, écrivait que,
pour étudier le mouvement religieux, il ne fallait pas
le chercher seulement dans les Églises organisées,
établies : il fallait aller dans les Universités popu-
laires, dans les syndicats ouvriers, les coopérati-
ves (2). Les progrès de la philosophie religieuse ont

---

(1) *Préface de la Crise morale des temps nouveaux*, p. 6.

(2) Les preuves seraient faciles à trouver : nous en citons
une au hasard. *L'Eveil démocratique*, n° du 24 janvier 1909,
rend compte d'une réunion de protestation motivée par le
renvoi d'un certain nombre d'ouvriers, à la suite de faits de
propagande syndicale dans la région d'Épinal, et termine par
cette réflexion : « A l'issue de cette réunion où nous avons longuement causé avec plusieurs des ouvriers congédiés, nous
ne pouvions nous empêcher d'admirer ces hommes, qui géné-
reusement acceptaient les épreuves endurées et qui simplement et sans éclat de voix nous disaient leur inébranlable volonté de lutter quand même et de continuer à tout prix l'œuvre
commencée. Et nous pensions que plus que jamais, alors qu'au-

élargi la conception du sentiment religieux : il n'a pas pour caractère essentiel l'existence de croyances positives, déterminées, formulées comme le sont les dogmes d'une Église. La foi, dit M. Boutroux, est née « du sentiment de détresse qui envahit le cœur de l'homme, lorsqu'il considère le contraste de grandeur et de misère qui caractérise sa nature » (1). Le besoin de croire à quelque chose qui nous dépasse est pour beaucoup de gens la condition de l'action, le seul moyen de rendre la vie intelligible, et tolérable.

Ces formes de croyances sont essentiellement variables. On pourrait noter entre elles toute une gradation. Le premier groupement comprendrait tous ceux qui professent une religion positive. Dans la plupart des religions on retrouve la foi en un Dieu personnel, qui s'est révélé aux hommes, et dont l'intervention particulière exerce une action providentielle, parfois miraculeuse. Les Églises sont autant d'associations différant entre elles par les dogmes, l'organisation d'une autorité extérieure, laissant à la

---

jourd'hui les conflits sociaux semblent devenir plus fréquents et l'oppression patronale plus aiguë, il serait indispensable à tous les militants d'avoir au fond du cœur cette flamme d'idéalisme et de générosité, qui grandit les hommes, en les rendant capables de travailler quand même, malgré bien des souffrances, à l'avènement d'un monde nouveau. »

(1) Boutroux. La philosophie en France depuis 1887 (*Revue de métaphysique et de morale*, 1908, p. 707).

pensée du fidèle une liberté plus ou moins grande. A côté de ceux qui appartiennent à ces Églises, il y a tous ceux qu'on peut appeler les *libres-penseurs religieux*. Et parmi ceux-là, les uns croient en Dieu et à la vie future, ne pouvant pas admettre que nos affections soient brisées par la mort, que le bien ne soit pas récompensé ; d'autres écartent le problème de l'existence de Dieu, mais croient à la justice, au devoir, à la patrie, à l'humanité. Il faudrait encore compter beaucoup d'idéalistes qui s'ignorent. Vienne une crise morale ou sociale, une grande épreuve de la vie qui les révèle à eux-mêmes ; et cet idéalisme apparaît, inspire le courage, le dévouement, la noblesse du caractère. Tel se croyait indifférent ou sceptique qui, le moment venu, se conduit en idéaliste, prêt à sacrifier ses intérêts, son repos et parfois sa vie pour la défense d'un principe. Sans voir l'idéalisme partout et se faire illusion, on peut constater qu'en fait le pur intellectualisme ou le parfait égoïsme se rencontre assez rarement, parce qu'ils rendent la vie presque impossible. Nous avons vu que l'utilitarisme était souvent mêlé d'idéalisme : cette part d'idéalisme, nous pourrions la retrouver dans les doctrines philosophiques en apparence les plus opposées à la tendance mystique. Prenons comme exemple les opinions en présence dans la discussion ouverte par la Société française de philosophie sur la crise morale des sociétés contemporaines (1). La

____

(1) *Bulletin de la Société*, avril 1908.

question est posée par M. PAUL BUREAU. Les sociétés contemporaines traversent une crise de moralité ; et l'une des grandes causes de cette crise, c'est que la notion du devoir, sa base, sa justification sont en nous profondément ébranlées. Comment rendre à nos démocraties une doctrine morale nécessaire à leur existence. La plupart des contradicteurs ne contestent pas qu'il n'y ait une crise, et s'accordent également à reconnaître l'influence de la cause que signale M. BUREAU : ils discutent seulement sur la portée d'influence de cette cause. Le point sur lequel porte l'effort de la discussion est celui de savoir, s'il faut vraiment chercher à donner un fondement à la morale. M. RAUH, M. LALANDE, M. BELOT considèrent cette tentative, comme une œuvre vaine, décevante et même dangereuse. La réflexion philosophique s'est concentrée depuis des siècles autour de ce problème : elle n'a rien trouvé de satisfaisant (1). « D'une proposition *ceci existe*, il s'agirait d'extraire un : *il faut faire*. Une pareille prétention apparaît de plus en plus comme impossible et vaine ; elle contredit toutes les règles de la logique. Jamais d'un fait, d'un donné, d'une existence, on ne pourra faire sortir un précepte, un devoir-faire » (2). Ce qui est dangereux, c'est de vouloir lier le sort de la morale à celui de telle ou telle croyance : quand cette croyance est ébranlée, quand on cesse de croire à la

______

(1) M. BELOT. *Bulletin. Loc. citato.*
(2) M. LALANDE. *Id.*, p. 133.

religion qui enseigne cette morale, au Dieu qui l'ordonne et la sanctionne, on s'affranchit de la morale en même temps (1). Et pourtant, cette morale, on veut essayer de la préserver, de la maintenir. M. Lalande reconnaît qu'un homme qui fait profession de ne pas croire à la morale est dans une position inexpugnable. Mais c'est un cas très rare, presque pathologique. « En fait, en proposant à l'individu des cas particuliers (par exemple, en lui montrant un magistrat qui condamne un innocent, sachant ce qu'il fait et parce qu'il a intérêt à le faire), on fera toujours jaillir de l'homme des affirmations ou des réprobations énergiques. Et alors on peut partir de là, et peu à peu, on pourra faire reconstituer à cet homme toute une morale » (2). M. Belot croit à l'efficacité d'une solution éducative : « il faut intéresser l'homme aux choses qu'on lui demande d'accepter et d'accomplir » (3). « Pourquoi douter que l'homme, être éminemment social, ne puisse s'intéresser, se dévouer aux choses sociales, ne puisse vivre moralement, faire son devoir, dépenser autour de lui son activité avec joie et souvent même avec enthousiasme ! Vraiment je ne puis concevoir cette notion systématiquement étriquée de la nature humaine, et quand on s'en défait, on s'aperçoit qu'il

---

(1) M. Belot. *Id.*, p. 137.

(2) M. Lalande. *Id.*, p. 135.

(3) M. Belot. *Id.*, p. 139.

n'y a au fond de tout cela qu'une question de l'éducation des individus » (1). On peut ne pas avoir confiance dans la valeur de ce procédé empirique, penser avec M. Parodi (2), que « pour gagner des hommes à la moralité, il faut leur donner des raisons ; on peut s'étonner que ceux qui en philosophie revendiquent le droit du libre examen tendent en pratique à se fier à l'instinct ». Mais ce qui reste significatif, c'est cet attachement commun à la morale, ce besoin de la conserver, alors même qu'on renonce à la justifier. C'est le propre de la croyance. M. Rauh le reconnaît. « La foi en un idéal, en un *devoir-faire* s'impose parfois à l'homme avec la même irrésistibilité que la croyance aux lois naturelles. Pas plus dans le cas des lois naturelles que dans le cas des lois morales, l'homme ne saisit le lien substantiel *transitif* entre un fait et un autre, le mystère intime de la création.

Il n'a donc, dans un cas comme dans l'autre, d'autre preuve de la vérité que l'irrésistibilité même de sa croyance. C'est là ce qu'après Hume a si bien démontré Kant. Et dès lors, pourquoi l'homme accepterait-il un critère d'irrésistibilité dans un cas et non dans l'autre ? Il doit accepter telles quelles les différentes formes de sa certitude, croire qu'il a quelque chose *à faire* quand il s'agit,

---

(1) *Id.*, p. 139.
(2) *Id.*, p. 151.

qu'il y a un certain ordre dans les choses faites, ou plus généralement, dans les choses, quand il contemple la nature. Sa fonction est aussi bien de croire que de constater » (1). On retrouve la même constatation dans la conclusion de la communication de M. Boutroux au Congrès de philosophie d'Heidelberg. « Enfin, à travers leur préoccupation inviolable de respecter la science et de se mettre à son école, de s'appuyer sur ses résultats, nos philosophes n'ont cessé de se consacrer à l'étude et à la défense des principes que l'on ne peut que bien arbitrairement relier aux vérités scientifiques : les idées de droit et de devoir, de justice, de dignité et de fraternité humaines. Dévoués à la science, ils restent des apôtres de l'idéal. Ils entendent ne pas séparer la connaissance de ce qui est et la poursuite de ce qui doit être » (2).

Il nous faut étudier maintenant les principales doctrines qui nous paraissent destinées à satisfaire à ce besoin d'idéalisme, le solidarisme, le pragmatisme, le droit naturel à contenu variable, la libre recherche scientifique, la théorie du droit objectif de M. Duguit.

------

(1) Rauh, *L'expérience morale*, p. 3.

(2) Boutroux. La philosophie en France depuis 1867 (*Revue de métaphysique*, novembre 1908, p. 714).

VII

LE SOLIDARISME

Le solidarisme est une doctrine qui prend l'idée de solidarité comme principe d'action morale. Cette idée de solidarité, qui exprime l'union, l'interdépendance des hommes, est une très vieille idée.

C'est une idée chrétienne. Nous sommes tous membres d'un même corps, disait Saint-Paul. « De même que c'est par la chute d'un seul homme que nous sommes tombés dans la condamnation, de même c'est par la justice d'un seul que tous les hommes reçoivent la justification. De même que tous meurent en Adam, de même tous revivent en Christ » (1). Le dogme du péché originel découle de la reversibilité des peines, celui de la rédemption, de la reversibilité des mérites. Il en est de même de la communion des saints, qui dans le catholicisme désigne le lien unissant entre eux tous les membres des trois Églises triomphante, militante et souffrante. Tous ceux qui ont reçu le baptême et sont

---

(1) *Epîtres aux Romains*, v. 18.

appelés à la sainteté même s'ils ont péché, peuvent s'assister par leurs prières, leurs bonnes œuvres et leurs indulgences.

C'est une idée empruntée à la science : c'est celle qui sert à caractériser la vie. « Si l'on cherche, en effet, à définir l'être vivant, l'individu, on ne saurait le faire que par la solidarité des fonctions qui unit des parties distinctes, et la mort n'est autre chose que la rupture de cette solidarité entre les divers éléments, qui constituent l'individu et qui désormais désassociés vont entrer dans des combinaisons nouvelles, dans des êtres nouveaux » (1). C'est parce qu'il n'y a pas de solidarité, d'interdépendance entre les parties qu'il n'y a pas non plus de vie dans un corps minéral : les parties ne sont rattachées entre elles que par le fait de l'attraction moléculaire ; les phénomènes de cristallisation peuvent être considérés comme une première forme encore obscure de la vie. La même idée de solidarité complète plutôt qu'elle ne contredit la doctrine de la lutte pour la vie : c'est par l'association, l'entr'aide que « se gagne souvent la victoire » (2). Dans les sociétés animales, le mutualisme, l'esprit de coopération contribuent au progrès de l'évolution. Les espèces

------

(1) Ch. Gide. *L'idée de solidarité*, p. 2. Conf. Ch. Gide et C. Rist. *Histoire des doctrines économiques. Les solidaristes*, p. 671-699.

(2) Ch. Gide. *L'idée de solidarité. Loc. cit.*

les plus prospères sont celles dont les instincts de
sociabilité sont les plus développés. Les découvertes
de PASTEUR ont montré qu'au point de vue de l'hy-
giène, il y a solidarité entre les hommes d'un même
pays : beaucoup de maladies sont un mal social, et
les riches qui demeurent indifférents à la misère des
pauvres compromettent leur propre vie.

C'est une idée économique. Les économistes ont
bien souvent signalé l'assistance mutuelle que se
prêtent les hommes par la division du travail, par
l'échange et par la concurrence elle-même. Par la
division du travail, chacun vit du travail d'autrui et
travaille pour autrui (1). Par l'échange, les hommes
se rapprochent et se rendent un service mutuel,
quoiqu'ils aient des intérêts contraires : le même
contrat procure à chacune des parties un supplément d'utilité. Enfin, la concurrence, qui paraît être
plutôt une forme de la lutte, a pourtant une valeur
morale : c'est elle qui suscite le zèle des producteurs
et des intermédiaires, les rend si empressés à prévenir et servir les désirs de leurs clients.

A plusieurs reprises, on avait cherché à faire passer cette idée de solidarité dans le domaine de la
morale. Parmi les précurseurs du mouvement actuel,
on a pu (2) citer spécialement M. FOUILLÉE, HENRY

---

(1) GIDE. *Idée de solidarité*, p. 3. Conf. GIDE et RIST. *Histoire
des doctrines*, p. 675.

(2) BOUGLÉ. *Le solidarisme*, p. 3.

Marion, Ch. Gide, Durkheim. M. Gide, dans une conférence sur l'idée de solidarité, publiée en 1893 dans la *Revue générale de Sociologie*, avait montré ce que pouvait avoir de fécond cette idée acceptée comme une loi morale et comme programme économique. En donnant aux hommes le sentiment de leur mutuelle dépendance, elle les engageait à s'entr'aider, à s'assister les uns les autres. Il montrait que le progrès consiste à passer de la solidarité fatale, forcée, à la solidarité acceptée, volontaire. Il opposait par exemple à l'hérédité, forme naturelle et fatale de la solidarité, la coopération, forme perfectionnée d'association libre, qui prend pour devise : chacun pour tous, tous pour chacun. M. Durkheim, dans son livre sur la *Division du travail dans le Monde social*, distinguait également deux formes de solidarité, la solidarité mécanique où les individualités sont absorbées dans l'unité, agrégées comme les molécules d'un cristal, — et la solidarité organique, où l'indépendance des fonctions, loin d'annihiler l'individu, le développe et le fait progresser. Henry Michel, dans son livre sur l'*Idée de l'Etat*, présentait un autre aspect de la même idée, en montrant, après Renouvier, que le véritable individualisme n'isole pas l'individu, ne l'enferme pas en lui-même, mais le conçoit comme destiné à vivre et se développer dans un groupe, à devenir une personne solidaire des autres hommes.

C'est en 1897, qu'un homme politique, qui suivait avec une sympathie éclairée les travaux des hommes de pensée, M. Léon Bourgeois, reprit et adopta cette idée de solidarité. Le petit livre qu'il publia, sous ce titre, eut, comme dit Bouglé, le caractère d'un manifeste. La notion de solidarité semblait destinée à fournir le viatique moral d'un grand parti, à renouveler sa provision d'idéalisme, à inspirer tout un programme d'action pratique. L'œuvre la plus importante du régime actuel, l'organisation d'un enseignement primaire laïque, restait compromise, si cet enseignement ne se montrait pas capable de donner une solide éducation morale. Le laïcisme avait besoin d'une doctrine : on pouvait penser qu'il allait la trouver dans le solidarisme. L'idée de solidarité étant une idée empruntée à la science pouvait peut-être permettre de réaliser l'espoir toujours déçu de donner une base scientifique à la morale, d'établir un passage « une arche » entre la conscience et la science. Ce mot même de solidarité, en raison même de ce qu'il a d'un peu vague, pouvait être heureusement substitué à d'autres mots trop usés ou de sens plus étroits. « La justice, distinguée de la charité par un long usage et vidée pour ainsi dire de toute sensibilité, a quelque chose de sec et d'étroit. La charité au sens courant du mot (qui n'est pas le sens primitif et vraiment chrétien), exprime une sorte de condescendance sentimentale et gratuite de supérieur à inférieur. La fraternité même, si chère à la démocratie sentimentale de 1848, a le tort justement de n'être qu'un sentiment, et nos générations modernes, avides de science positive et objective, avaient besoin d'un mot qui exprimât le caractère scientifique de la loi morale. Le mot de solidarité emprunté à la biologie répondait merveilleusement à ce besoin obscur et profond » (1). On pouvait enfin dégager de cette notion de solidarité tout un programme de réformes sociales, tracer la voie d'un parti qui entendait répudier l'ancien libéralisme économique et s'efforcer d'intervenir pour diminuer les souffrances ou les misères injustes, sans pousser à la lutte des classes, en essayant de faire l'économie d'une révolution. Le solidarisme pouvait devenir ainsi une grande théorie politique ralliant beaucoup de bonnes volontés, rattachant à une idée de justice toutes sortes d'aspirations et tout un programme de réformes. Sous l'inspiration de M. BOURGEOIS, le mouvement se propagea rapidement : des séries de conférences et de congrès s'organisèrent, destinés à éclairer et dégager toutes les conséquences de la doctrine, à les faire pénétrer dans de nouveaux milieux et spécialement dans l'enseignement.

Essayons de voir quel est le fondement, quelle est la portée pratique de cette doctrine : nous pourrons ensuite porter sur elle un jugement de valeur.

Les solidaristes ont voulu donner à leur doctrine une base à la fois scientifique et juridique.

« Pour donner à la morale une base vraiment scien-

---

(1) A. CROISET. *Essai d'une philosophie de la solidarité*. Préface, p. X.

tifique, dit M. Boutroux (1), il faudrait qu'il existât un fait à la fois objectivement observable et susceptible de produire une norme à la conduite humaine. Or, la solidarité paraît précisément réunir ces deux conditions. » Et d'abord, elle est un fait. La science nous enseigne que la vie est une association d'organes ; tous ces organes s'entr'aident et sont dans une mutuelle dépendance. La même dépendance existe entre les membres d'une société. Pour naître à la vie, pour s'élever, s'instruire, connaître et pratiquer sa profession, subvenir à ses besoins, conserver sa santé, penser, développer son esprit, il faut à l'homme le secours de ses semblables ; il n'est pas seulement l'obligé de ses contemporains, mais celui de toutes les générations qui ont précédé la sienne, qui ont défriché le sol, fondé et construit des villes, qui ont accumulé d'énormes réserves de richesses matérielles, de découvertes scientifiques et d'inventions industrielles, constitué tout un patrimoine intellectuel et artistique, développé et transmis la civilisation. Nous nous sentons donc débiteurs des autres, obligés vis-à-vis d'eux. Quelques-uns, parmi les solidaristes, ont pu penser avoir ainsi solidement établi leur doctrine sur une vérité de fait. Sur cette vérité, écrivait M. Payot (2), la morale est bâtie comme sur un indestructible lit de rochers. » Mais

---

(1) *Revue de métaphysique*, 1908, p. 695.

(2) *Cours de morale*, p. 31.

les objections se sont multipliées. On a dû reconnaître — et c'est ce qu'a fait notamment M. Léon Bourgeois — que la doctrine solidariste n'était pas une simple greffe de la morale sur la science.

La science et la morale demeurent forcément séparées : on ne peut pas passer de l'une à l'autre. La science nous donne l'explication des phénomènes, nous enseigne le pourquoi des choses, mais ne nous fournit pas une règle d'action. On n'est pas autorisé à aller de « l'énonciatif au normatif » (1). Le fait que la solidarité existe dans la nature n'a pas de signification morale : la nature est indifférente ; elle ne connaît ni le bien ni le mal.

Si la solidarité était une loi naturelle, à laquelle on dut se soumettre, il faudrait l'accepter telle que la nature l'établit, sans se soucier de ce que ses conséquences peuvent avoir de juste ou d'injuste. Or, il s'en faut que toutes les conséquences de la solidarité naturelle soient également bonnes et salutaires. La nature ne nous montre pas seulement des êtres qui s'entr'aident mutuellement ; elle nous les montre aussi vivant aux dépens les uns des autres ; il y a dans la lutte sociale des vainqueurs, des vaincus, des parasites. L'enfant, sur lequel pèsent les tares de la maladie ou des vices de ses parents, est une victime de la solidarité. Si la solidarité naturelle doit devenir une règle morale, les gens habiles en concluront

____

(1) Lalande. *Bulletin de la Société de philosophie*, avril 1908, p. 133.

qu'il faut s'arranger pour user des services des autres, et vivre à leurs dépens, avant tout, ne pas être dupes. Comme l'a dit M. Paul Bureau (1), la morale de la solidarité enseigne l'égoïsme aussi bien que le désintéressement. Que d'exemples on pourrait citer à l'appui de cette observation. Le contribuable qui fait une déclaration sincère se dit : je serai victime de ma bonne foi. Tout le monde dissimule, élude une partie de l'impôt. Ceux qui veulent faire autrement sont, en réalité, surtaxés et paient pour les autres. L'ouvrier qui ne veut pas faire partie d'un syndicat sauvegarde sa liberté, réalise une économie de temps et d'argent, se concilie la faveur de son patron ; et néanmoins, il bénéficiera de l'action des autres, si l'action syndicale ou la grève permet d'obtenir une augmentation de salaire ou une diminution de la journée de travail. L'industriel qui établit des caisses de retraites, qui allège le travail des femmes et des enfants, accepte volontairement une obligation que la loi ne lui a pas imposée, — mais fait le jeu de ses concurrents, se charge dans la course d'un poids supplémentaire. Averti par l'expérience, il se lassera, se corrigera, fera comme les autres, et subira la loi de la solidarité. L'homme d'affaires qui achète une étude, en prenant la résolution de s'abstenir de certaines pratiques abusives qui sont comme le *bonus dolus* de la profession, se place par cela

---

(1) *Crise morale des temps nouveaux*, p. 324.

même dans des conditions d'infériorité ; il diminue les produits et la valeur de son étude. Le fonctionnaire, qui veut suivre sa carrière sans sollicitation, sans intrigue, compromet son avenir et facilite celui de ses collègues que les mêmes scrupules n'arrêtent pas...

Sur ces deux points, les solidaristes ont dû reconnaître qu'il y avait, dans les objections qu'on leur faisait, une très grande part de vérité.

Le passage de la loi naturelle à l'obligation suppose un acte de volonté et cet acte de volonté implique une foi dans la justice. « Quand nous nous demandons, disait M. Léon Bourgeois (1), quelles sont les conditions auxquelles doit satisfaire une société humaine pour se maintenir en équilibre, nous sommes ainsi conduits à reconnaître qu'il n'y a qu'un mot qui les puisse exprimer : *il faut que la justice soit.* » Et plus loin, répondant à M. Malapert : « Nous constatons un fait : le besoin de justice existe en toute conscience et y règne impérieusement. Que la notion de justice soit une idée innée, l'expression en nous de je ne sais quel idéal existant hors de notre esprit, qu'elle soit le résultat d'une acquisition relativement récente peut-être, le résultat d'une séculaire évolution, peu nous importe. Nous la prenons comme donnée, et c'est là notre point de

---

(1) *Essai d'une philosophie de la solidarité,* première Conférence de M. Léon Bourgeois sur l'idée de solidarité, p. 8.

départ » (1). Rien ne nous paraît plus exact, mais c'est un aveu bien significatif. C'est l'aveu qu'il est vain de prétendre fonder la morale sur la science, et que le postulat de la morale est une croyance, une foi rationnelle ou non.

Mais il ne suffit pas d'ériger en fin l'idée de solidarité pour en faire un principe de morale : il faut encore faire un choix entre les formes de solidarité, retenir les unes, écarter les autres. C'est encore à l'idée de justice qu'on recourra pour faire ce choix : c'est elle qui servira de *critérium*. « La solidarité que nous voulons travailler à établir c'est celle qui est conforme à l'idée du juste, celle qui rend possible l'accomplissement de la justice » (2).

Nous sommes donc autorisés à dire que les solidaristes sont des idéalistes. « Nous retrouvons comme tendus dans leur âme toutes sortes de sentiments que les philosophes du droit naturel nous ont rendus familiers. Ce sont ces sentiments qui vibrent au contact du fait. Ce sont leurs réactions qui commandent les réformes dont le solidarisme entend être l'introducteur » (3).

Mais ces réserves faites, on doit reconnaître que si la solidarité ne fournit pas à la morale le principe, la

---

(1) *Essai d'une philosophie de la solidarité*, p. 27.

(2) *Essai d'une philosophie de solidarité.* Conférence de M. Boutroux, sur le rôle de l'idée de solidarité, p. 278.

(3) Bouglé. *Le Solidarisme*, p. 48.

base inébranlable qu'on aurait voulu lui donner, elle apporte du moins un élément complémentaire très important. En nous révélant ce que nous devons aux autres et combien nous dépendons d'eux, elle nous fait mieux comprendre notre devoir et nous aide à l'accomplir (1). Le solidarisme élargit notre conception du droit individuel : au lieu d'enfermer l'individu dans son moi, de l'isoler, de le placer vis-à-vis de ses semblables et vis-à-vis de l'État dans une attitude constamment défensive, il l'amène à comprendre qu'il ne peut atteindre son entier développement que par la société, qu'elle a besoin de lui, et qu'il ne peut pas se passer d'elle.

Nous avons vu que les solidaristes s'appuyaient aussi sur le droit et cherchaient à donner une base juridique à leur doctrine. En partant de cette idée que l'homme naît chargé d'une dette sociale, on dit qu'il est vis-à-vis des autres dans la situation de quelqu'un qui a reçu ce qui ne lui était pas dû, ou de

---

(1) « A celui qu'opprime la pensée de la misère, les limitations, les mesures de contrôle, les contraintes fiscales paraissent légères, si elles ont pour objet de procurer à tous un minimum d'existence et de sécurité. Celui-là accepte sa part des obligations et des charges de la prévoyance sociale qui les considère comme des mesures de salut pour la masse des hommes : le tribut imposé aux plus favorisés lui apparaît non pas comme un prélèvement injuste, mais comme un moyen de préserver les individus d'une injuste déchéance, qui brise les énergies et corrompt une partie de l'organisme social. » BOURGUIN. *Les systèmes socialistes* et *l'Évolution économique*, p. 355.

celui qui a profité d'une utile gestion d'affaire. Il est obligé en vertu d'un quasi-contrat, ce qui veut dire surtout, sans son fait, sans qu'il ait consenti à son obligation. Mais comment se détermine cette obligation ? au profit de qui sera-t-elle acquittée ? Elle incombe en principe à tous les hommes ; tous sont, à divers degrés, débiteurs de la société. Cette obligation nous lie aux générations qui nous ont précédés, et pour lesquelles nous ne pouvons rien, mais par un sentiment de justice, d'équité, nous nous considérons comme obligés envers les descendants de ceux qui ne sont plus. « Par un acte de bonne volonté, dit M. ANDLER (1), admettons que nous sommes obligés aux générations futures de tout ce que nous devons au passé. » Nous devons non seulement maintenir, mais accroître le patrimoine social que nous avons reçu. Mais qui déterminera le montant de cette dette et sera fondé à réclamer l'exécution ? Ce ne peut être que la société elle-même. Nous sommes tous débiteurs et créanciers les uns des autres ; nous le sommes inégalement. Les uns ont été plus favorisés ; ils ont bénéficié largement de la solidarité antérieure ; les autres n'ont pas reçu leur part et par suite ont été lésés. Il faut donc opérer une péréquation, un redressement de compte : et la société seule peut faire cette rectification. En réclamant aux privilé-

---

(1) Du quasi-contrat social. *Revue de métaphysique*, 1897, p. 527.

giés, en indemnisant ceux qui ont subi un préjudice, elle ne fait que satisfaire à la justice. L'impôt destiné à compenser les inégalités sociales est un acte de stricte justice : ainsi, ce n'est pas seulement la charité qui fait un devoir au riche de prêter assistance au pauvre.

A cette conception de la dette sociale et du quasi-contrat, les objections n'ont pas manqué. Il faut bien avouer qu'elle n'est pas très nette, ni pleinement satisfaisante.

Peut-on vraiment parler de dette, alors que nul de ceux envers qui cette dette existerait ne songeait à nous tenir pour obligés. Les hommes d'autrefois ont travaillé et souffert pour eux-mêmes ; « l'homme des cavernes, dit M. MALAPERT (1), a taillé et poli la pierre pour son usage et non pour m'être utile. » Et s'il est vrai que ceux qui nous ont précédés aient travaillé pour nous, ou tout au moins nous aient fait profiter de leur labeur, ils nous ont légué aussi des charges, des dettes que nous avons dû payer ; nous sentons peser sur nous le poids de leurs fautes, parfois même de leurs crimes. *Delicta majorum immeritus lues.* Et si par un effort de bonne volonté, qui n'est déjà plus la justice, nous sommes disposés à substituer d'autres créanciers à ceux qui ne peuvent plus rien nous réclamer, comment peut s'établir ce compte entre tant d'hommes, qui sont à la fois

---

(1) *Essai d'une philosophie de la solidarité*, p. 104.

débiteurs et créanciers. Qui sera juge de ce qu'ils ont à recevoir et de ce qu'ils ont à payer. La fortune n'est pas l'unique bien : pour être juste, il faut tenir compte de la santé, de la durée de la vie. « Voici un homme qui a hérité-cent mille francs et une maladie mentale : établissez son compte » (1). Sous prétexte de redressement, n'est-ce pas pour l'État la possibilité de tout faire, de méconnaître tous les droits ou tout au moins toutes les situations antérieurement acquises (2).

Que vaut enfin cette notion de quasi-contrat empruntée au droit privé, qui d'ailleurs ne l'a jamais nettement définie ? N'est-ce pas comme le dit M. Geny, un abus de l'abstraction logique ? Peut-être, en effet, l'adaptation tentée a-t-elle quelque chose de factice. Ce qu'on peut retenir cependant, c'est que la théorie du quasi-contrat est elle-même fondée sur un principe applicable au droit public, comme au droit privé : nul ne doit s'enrichir injustement au détriment d'autrui. On peut en même temps signaler l'effort de la jurisprudence et d'une partie de la doctrine pour généraliser ce principe que le Code n'a pas énoncé, dont il a fait seulement des applications particulières (3).

---

(1) Malapert. *Loc. cit.*, p. 105.

(2) Conf. Tarde. *Bulletin de l'Académie des Sciences morales et politiques*, t. II, p. 423.

(3) V. Cass. 15 juin 1892. S. 93, 1, 281, n. de Labbé. — Cass. 31 juillet 1895. S. 96, 1, 397. — Cass. 18 octobre 1897. D. 99, 1,

Nous pouvons maintenant dégager les caractères de la doctrine solidariste. C'est une thèse intermédiaire entre le socialisme et l'individualisme. « C'est un système qui se tient à mi-côte. Et de même qu'il s'interdit de remonter au plus haut dans la région des principes, et par exemple de rechercher les sources dernières du sentiment de la justice, il ne descend pas non plus très bas jusqu'au détail des applications. Après avoir prouvé la nécessité d'institutions nouvelles, il ne précise pas formellement quelles formes elles devraient prendre » (1).

D'une part, il réagit contre les abus de l'individualisme, s'attache à démontrer que la concurrence et la lutte ne sont pas toujours des moyens de sélection ; il rend à l'individu le sens social, s'efforce de l'intégrer, de le rattacher à son groupe. Mais le groupe n'est pas une entité : sa valeur n'est que la somme de celle des membres qui le constituent ; la société doit donc s'attacher à laisser à chacun la possibilité de donner sa mesure en sauvegardant la liberté d'autrui. « L'individualisme, dit M. Bouglé (2), subsiste non plus comme moyen, mais comme fin. »

---

105. Conf RIPERT et TESSEIRE. Essai d'une théorie de l'enrichissement sans cause. *Revue trimestrielle de droit civil* 1904, p. 727-796. BAUDRY-LACANTINERIE et BARDE. Obligations, 3e édit., t. IV, p. 502-533.

(1) BOUGLÉ. *Le solidarisme*, p. 196.

(2) *Solidarisme*, p. 131.

En d'autres termes le libre développement des personnes reste le but, mais ce but ne peut être atteint sans le concours et l'intervention de la société : l'action de l'initiative individuelle ne suffit pas.

En même temps les solidaristes se rapprochent des socialistes. Les griefs des uns et des autres contre le régime économique actuel sont au fond à peu près les mêmes. Il ne peut y avoir de justes contrats sans une certaine égalité de fait entre les contractants ; la liberté des conventions est une illusion et une injustice, lorsque l'une des parties est toute puissante et que l'autre est désarmée. La société a donc qualité pour intervenir et rétablir l'égalité.

Mais si les solidaristes et les socialistes peuvent, comme on en est convenu (1), faire ensemble une partie de chemin, peut-on fixer le point où ils se séparent ?

Dans son livre sur le *Solidarisme*, M. Bouglé s'est attaché à comparer et différencier les deux tendances.

L'impression que laisse cette comparaison serrée de très près, c'est que la limite est incertaine ; beaucoup de distinctions qu'on a voulu faire sont plus apparentes que réelles. Ainsi le solidarisme, à ses débuts, affectait d'ignorer l'État, se défendait tout au moins d'avoir recours à lui, d'augmenter ses attributions et son autorité. M. Bourgeois, dans un de ses exposés, s'exprime ainsi (2) : « Je ferai remarquer

---

(1) Renard. *Essai d'une philosophie de la solidarité*, p. 70.
(2) *Philosophie de la solidarité*, p. 90.

que jusqu'ici, ni aujourd'hui, ni dans nos précédents entretiens, je n'ai jamais prononcé le mot État. Et si je ne l'ai jamais prononcé, c'est que je n'en ai pas senti le besoin. Il ne s'agit pas en effet pour moi de marquer les droits d'un être extérieur et supérieur à nous, qui serait l'État, de placer cet être en face des individus, et de déterminer les rapports qui existeraient entre eux et lui. » La solidarité n'envisage que les rapports des individus entre eux, — mais comme les individus sont eux-mêmes facteurs de la vie collective, que leurs droits ont un côté social, il n'y a plus de conflit à redouter entre la société et l'individu. Le droit individuel se confond avec le droit social. Le rôle unique de l'État, c'est d'assurer l'exécution du quasi-contrat social existant entre les hommes. On met un terme à la crise de la science politique, qui est née de l'opposition constante entre les droits de l'individu et de l'État. On abaisse la frontière entre le droit privé et le droit public : M. ANDLER va même jusqu'à penser qu'elle disparaît (1). Et c'est à dessein qu'on oppose cette conception à celle du socialisme, lequel exalte l'État, attend tout de lui, fait de l'organisation du travail un service administratif. — Pourtant si l'on observe

---

(1) « Un fait s'est produit assimilable, si on en prend conscience, aux plus profondes révolutions qui aient eu lieu dans le droit, et à notre surprise a passé inaperçu presque. La distinction vient de tomber entre le droit public et le droit privé. » (*Revue de Métaphysique*, 1897, p. 521).

de plus près, on s'aperçoit que la différence entre les
conséquences des deux doctrines est bien moindre
qu'elle ne paraît. Quoique le solidarisme s'en défende,
il est par essence interventionniste : ce rôle qu'il
attribue à l'État, sanctionner le quasi-contrat social
est gros de conséquences. D'ailleurs l'État, par la
force des choses, ne se borne pas à sanctionner ; il
faut qu'il détermine, qu'il précise la créance et la
dette de chacun. Cette sanction du quasi-contrat
social devra se manifester, M. Bourgeois le reconnaît (1), « par une contribution obligatoire de tous
les associés aux dépenses inévitables entraînées par
les institutions qui servent à la conservation même
de la société, à la garantie des droits individuels et
à l'accomplissement des devoirs de solidarité. » C'est
ce qui peut paraître inquiétant (2).

Aussi le solidarisme, qui avait à l'origine un programme plutôt restreint, devait être amené à se
dépasser, à élargir son champ d'action. Cependant,
comme le fait remarquer M. Bouglé (3), les tendances solidaristes même portées à l'extrême n'iront
pas jusqu'au socialisme intégral, tout au moins jusqu'au socialisme unifié et révolutionnaire. Le solida-

----

(1) *Philosophie de la solidarité*, p. 92.

(2) « Je vois apparaître un appareil judiciaire inquiétant. Je
vois arriver le juge, l'huissier, le gendarme, le fisc et cela est
loin de me rassurer ». ALBERT SOREL. *Bulletin de l'Académie
des sciences morales*, 1903, t. II, p. 392.

(3) *Loc. cit.*, p. 171.

risme ne poussera jamais à la suppression de la propriété individuelle et à la lutte des classes. Il est vrai qu'il enveloppe la propriété individuelle de restrictions édictées dans l'intérêt social, qu'il conçoit toute une variété de transitions entre la propriété unitaire et la propriété commune (1). Il est vrai aussi que la lutte des classes resserre dans chaque classe les liens de solidarité, mais le solidarisme met en lumière tout ce qui unit les hommes malgré l'opposition des intérêts de classe ; il est aussi très attaché à l'idée de patrie et montre que les grands groupements historiques, dans lesquels l'individu est encadré, sont nécessaires pour maintenir la cohésion, l'unité de droit, et pour empêcher l'exaspération des luttes sociales (2).

Un avenir prochain nous apprendra si cette doctrine solidariste a pu atteindre son but, servir d'idéal à un parti démocrate soucieux de faire des réformes tandis qu'il est encore temps. Souhaitons qu'il en soit ainsi, bien qu'à vrai dire sa force d'expansion nous paraisse amoindrie. En définitive, elle fait faire un progrès à l'idée de justice ; elle annexe un domaine qu'on considérait comme appartenant au cercle de la charité (3). On lui reproche d'être un peu vague :

---

(1) V. Raum. *Propriété individuelle et propriété solidaire dans l'Essai d'une philosophie de la solidarité*, p. 163 et sq.

(2) Saleilles. *Union pour la vérité*, 18 février 1906, p. 348-349.

(3) Conf. Gide. *Justice et Charité dans Morale sociale*, p. 214.

elle est aussi par cela même plus souple, plus capable
de rallier toutes sortes de bonnes volontés. Elle se
donne à tort comme une morale scientifique, alors
qu'elle est en réalité fondée sur un sentiment, sur
une croyance, mais cela même, M. Bourroux le
reconnaît (1), n'a rien d'illégitime, et ce n'est pas
par ce trait que le solidarisme se différencie des
autres philosophies du droit.

(1) « La solidarité, que le solidarisme érige en dogme, c'est
dans le fond, un sentiment, une croyance, une aspiration. C'est
la sympathie tendant à venir en aide aux déshérités, et à utiliser pour cet objet les forces de la société, puisque celles des
individus sont insuffisantes. C'est la volonté commune de transporter plus ou moins à la société organisée les devoirs de bien-
faisance que se reconnaissent les individus. Que l'on tienne
compte au solidarisme de cette volonté, de cette croyance,
et ses raisonnements reprennent figure et validité. Sa logique
est concluante pourvu que l'on reconnaisse qu'elle est pipée. »
(Bourroux. *Bulletin de l'Académie des Sciences morales*, 1903,
t. 2, p. 405. Conf. p. 407).

VIII

LE PRAGMATISME

Ce nom de pragmatisme (1) désigne plutôt une
méthode, une tendance, un programme d'action
qu'une doctrine : le mot *Pragmatique*, créé par déri-
vation de πραγματικος (relatif aux faits), veut exprimer ce qu'il y a dans cette orientation de caractéristique, la volonté de ne pas s'intéresser aux idées
pour elles-mêmes, mais d'apprécier leurs résultats,
leurs conséquences pratiques : la valeur d'une doctrine se détermine par ses effets.

---

(1) Le mouvement pragmatique qui s'est développé assez
récemment en Angleterre et en Amérique et qui a fait de rapi-
des progrès est représenté surtout par WILLIAM JAMES et
G. SCHILLER. Les conférences de W. JAMES sur le pragmatique, faites à Boston et à New-York, ont été publiées à Londres en 1907. *Studies in humanism*, de SCHILLER, ont paru en
1908. (Londres, MACMILLAN.) Paris, ALCAN, traduct. JANKE-
LEVITCH, annoncée en 1909. On peut citer également l'article
plus ancien de PIERCE How to make our ideas clear (*Popular
Science Monthly*, janv. 1908). Ce qui est particulier à PIERCE
dans la conception pragmatique, se nomme pragmaticisme.

Avant tout, le pragmatisme se présente comme un moyen de concilier les exigences de l'idéalisme et les exigences de l'action. L'homme ne peut pas impunément penser sans agir et agir sans penser. Tout ce qui sépare la pensée de l'action est funeste et décevant. L'homme de pensée qui se dérobe à l'action, qui poursuit par le seul effort de l'intelligence la solution des problèmes qui nous tourmentent, qui remet tout en question, se condamne à l'impuissance, au scepticisme. Il doute de la possibilité de la science, de l'existence du monde extérieur, de la liberté, de la morale. S'il ne se soustrait pas à l'obsession de sa propre pensée, il devient incapable de vivre. Celui qui, par tempérament ou délibérément, croira pouvoir prendre l'autre parti, — écarter toutes les préoccupations d'ordre intellectuel, tous les problèmes que l'esprit ne peut pas résoudre, — n'aura pas un sort plus heureux : il lui sera impossible de régler, d'organiser sa vie ; il se sentira à certains moments

---

Schiller donne plutôt au système le nom d'humanisme pour exprimer qu'il faut poser et s'efforcer de résoudre humainement le problème philosophique, en évitant l'*à priori*, la recherche de l'absolu, en tenant compte des limites de l'expérience et des exigences de la vie. En France, le pragmatisme a suscité en peu de temps beaucoup d'études. V. notamment, Lalande. Pragmatisme et pragmaticisme (*Revue philosophique*, 1906). — Parodi. Le pragmatisme d'après MM. James et Schiller (*Rev. de Métaphysique*, 1908). — Boutroux. *Science et religion*, 1908. — Marcel Hébert. *Le Pragmatisme*, 1908. — Bourdeau. *Pragmatisme et modernisme*, 1909).

dégoûté de cette vie sans perspective qui ne peut lui procurer que des satisfactions purement matérielles. Chacun de ces hommes ne peut être heureux que s'il parvient à trouver la conception qui s'adapte le mieux aux exigences de sa vie, celle qui lui est le plus utile, celle qui le rassure, l'encourage, excite son zèle et son espoir. C'est à ces résultats qu'il reconnaît sa supériorité.

En fait, dans un grand nombre de cas, cet équilibre s'établit. Les partisans ou les adversaires du libre arbitre se conduisent dans la vie comme s'ils croyaient à la liberté : ils font des projets, en poursuivent l'exécution, se félicitent lorsqu'ils ont réussi ou se reprochent de n'avoir pas fait tout ce qui était possible, lorsque, par hasard, ils échouent. C'est la solution pragmatique du problème de la liberté.

La même méthode peut s'appliquer au problème moral, au problème religieux. « Supposons, dit M. Lalande (1), deux propositions contradictoires : il est convenable que les méchants soient punis dans l'autre monde. Il répugne qu'une punition ultérieure atteigne les méchants. Supposons d'ailleurs qu'il soit impossible de démontrer une de ces propositions de manière à rendre l'autre insoutenable. Laissons maintenant discuter entre eux les métaphysiciens et venons aux résultats : tout à tour, nous supposerons vraie la première, puis la seconde proposition ; il

____

(1) *Rev. philos.*, 1906, t. I, p. 141.

est évident que la façon d'agir du monde serait autre,
étant donné la croyance universelle à la première
proposition, qu'elle ne serait, si tout le monde con-
venait de la répugnance aux punitions dans la vie
suivante. Il est aussi clair que la conduite de ceux
qui croiraient à une telle punition serait bien autrement correcte que celle de ceux qui n'y croient pas
du tout ; d'où il suit que *la première proposition
étant bonne dans ses effets est vraie* ». En somme,
W. James ne donne pas d'autres raisons pour justifier sa croyance à l'efficacité de l'action humaine, à
la vie future, à l'affirmation du salut. « La seule
raison réelle, pour laquelle je puisse penser que
quelque chose doive arriver jamais, c'est que
quelqu'un désire qu'elle soit. Elle est réclamée pour
soulager une portion de la masse de l'univers et peu
importe si cette portion est infime. C'en est la raison
vivante, et comparées à celle-là, les causes matérielles et les nécessités logiques ne sont que de vains
fantômes » (1).

Chacun peut ainsi, à son gré, chercher et trouver
la conviction, la croyance la mieux adaptée aux
exigences de sa vie et de sa pensée. De là, la variété
des formes et des aspects du pragmatisme, qu'un
pragmatiste italien, M. Papini (2), compare au cor-

---

(1) 8e conférence, citée par Parodi. *Rev. de métaph.*, 1908,
p. 100.

(2) A la vérité, les disciples italiens de W. James, Giovanni,
Papini et Prezzolini ont quelque peu défiguré le pragmatisme

ridor d'un grand hôtel s'ouvrant sur cent chambres. Dans l'une de ces chambres, il y a un homme à genoux sur un prie-Dieu, dans l'autre, un savant travaille dans son laboratoire, dans une autre, un métaphysicien se complait dans ses rêves. Toutes ces chambres sont autant de variétés du pragmatisme ; elles sont séparées, mais communiquent entre elles et donnent sur le même couloir. Tous ceux qui les habitent y trouvent le même abri, la même sécurité.

Le pragmatisme n'a pas seulement pour ses adeptes des solutions variées : il prétend en même temps développer, concilier des doctrines très anciennes. M. James ajoute ce sous-titre à son livre : « Un nom nouveau pour quelques anciennes manières de penser. » C'est comme un carrefour auquel ces doctrines aboutissent. Celles-ci constituent autant de voies d'accès. Ainsi le pragmatisme sert d'aboutissant, de prolongement à l'empirisme, à l'utilitarisme, au positivisme, au kantisme, au volontarisme, au fidéisme. Juger la doctrine par ses fruits, c'est agir empiriquement, faire prévaloir l'expérience sur le raisonnement. Considérer comme la plus vraie, comme la meilleure, la doctrine la plus conforme à nos besoins, c'est pousser l'utilitarisme à son dernier degré. Au positivisme, le pragmatisme emprunte sa

---

en y mêlant une part de fantaisie, de dilettantisme. V. Bourdeau, p. 30 et 85.

conception de la science : savoir pour prévoir, prévoir pour pouvoir. Il lui emprunte aussi son dédain pour la métaphysique, pour le pur intellectualisme. KANT, à son tour, est donné comme un précurseur de pragmatisme ; par sa conception du primat de la raison pratique. La raison pure est impuissante : la raison pratique à laquelle KANT se confie pour diriger sa vie n'est qu'une façon de pragmatisme. Les pragmatistes se réclament encore de SCHOPENHAUER, quoique son pessimisme s'accorde mal avec la donnée essentielle de leur thèse : il leur appartient du moins par l'importance attribuée au rôle de la volonté, à l'influence qu'elle exerce sur l'intelligence et sur le monde. Enfin il y a dans le pragmatisme beaucoup du fidéisme de PASCAL : le cœur à ses raisons, que la raison ne connaît pas ; — il faut faire souhaiter aux bons que la religion soit vraie, — il convient de rappeler pourtant que PASCAL ajoutait (1) : « Et puis montrer qu'elle est vraie. »

Enfin le pragmatisme utilise avec habileté les tendances actuelles de la philosophie scientifique. Les sciences sont fondées sur un certain nombre de principes, de conventions plus ou moins arbitraires, suggérés sans doute par l'expérience, mais non pas

---

(1) « Il faut commencer par montrer que la religion n'est point contraire à la raison; ensuite qu'elle est vénérable, en donner le respect, la rendre ensuite aimable, faire souhaiter aux bons qu'elle soit vraie; et puis montrer qu'elle est vraie. » *Pensées.* ED. HAVET, art. XXIV, 26.

imposés par elle. Le savant emprunte à la réalité les perceptions qu'il en reçoit, mais fait un choix entre ces perceptions, élimine les unes, retient les autres. C'est le savant, dit M. Leroy, qui fait les faits scientifiques ou, si vous préférez, qui fait les faits scientifiques vrais (1) : « La science, dit-il également, aboutit à l'utile plus qu'au vrai ; elle n'atteint le vrai que par son côté utilisable (2).

Les tendances de la philosophie religieuse sont aussi comparables à celles du pragmatisme. Ainsi la thèse si remarquée de M. Maurice Blondel sur l'Action peut être considérée comme une forme de pragmatisme. Il est même curieux de constater que pour caractériser sa doctrine, M. Blondel avait choisi ce nom de pragmatisme, sans l'avoir rencontré, ayant conscience de le créer. Ce n'est pas à dire que les deux doctrines soient identiques ; du moins, elles conduisent à la même fin. M. Blondel est pragmatiste en ce sens qu'il justifie l'existence du surnaturel par sa nécessité et le considère comme une des conditions de l'action. L'homme excède par son action les données de l'expérience ; il a besoin pour satisfaire son exigence, pour équilibrer le vouloir et le pouvoir de croire à quelque chose qui le dépasse. Et cette croyance est un acte de foi religieuse (3).

---

(1) *Dogme et critique*, p. 334.

(2) *Dogme et critique*, p. 333.

(3) On pourrait aisément découvrir dans nombre d'autres doctrines une part de pragmatisme. Taine, dit M. Bourdeau

S'il est difficile de répudier entièrement le pragmatisme, il nous semble impossible de l'accepter en bloc. Nous sommes tous plus ou moins pragmatistes, en ce sens que nous cherchons à nous former une opinion compatible avec la fin et les conditions de l'action. Mais l'exagération consiste à s'affranchir du contrôle de la raison. Confondre l'utile et le vrai, c'est vouloir se faire illusion. Si l'homme pour penser et pour agir a besoin de croire à la portée objective de la vérité, comme le dit M. Parodi, « il pourra sembler qu'il est pragmatiquement impossible de s'en tenir au pragmatisme » (1).

(p. 45), ne s'est-il pas conformé à la méthode pragmatique lorsqu'il signale les effets du préjugé héréditaire, les bienfaits sociaux du Christianisme. » (V. également signalée l'analogie de la philosophie de M. Bergson avec les doctrines pragmatistes. Bourdeau. *Pragmatisme et modernisme*, p. 153 et 199.)

(1) *Revue de Métaphysique*, janvier 1908, p. 112.

IX

DROIT NATUREL A CONTENU VARIABLE

S'il est vrai qu'on revienne actuellement aux conceptions et aux méthodes du droit naturel, ces conceptions cependant diffèrent notablement de celles qu'autrefois on adoptait communément. Le droit naturel, tel que le concevait l'ancienne École, était universel, immuable ; il avait pour toutes les questions de droit positif une solution idéale, à tous égards satisfaisante, et cette solution, la raison humaine devait et pouvait la trouver. Il y avait pour ainsi dire deux législations parallèles, entre lesquelles se poursuivait une comparaison constante, d'une part le droit positif, d'autre part le droit naturel. Le droit positif c'était la législation contingente, imparfaite ; le droit naturel la législation absolue, idéale. La première devait tendre à se rapprocher de la seconde, à se confondre avec elle. « Le droit naturel, dit Oudot (1), est la collection des règles...

____

(1) *Premiers essais de philosophie du droit*, p. 67.

qu'il est souhaitable de voir immédiatement transformer en lois positives. »

A coup sûr, l'École historique avait beau jeu contre de pareilles prétentions. Elle montrait comment se forment et se modifient les institutions, sous quelles influences s'opèrent ces modifications, à quels besoins elles correspondent. Toute loi s'adapte à un état social et moral déterminé ; en un sens, il est permis d'affirmer que pour cet état cette loi est la meilleure possible. Par exemple, la question de la liberté de tester ne se pose pas dans une société qui pratique la copropriété familiale : cette liberté paraîtrait essentiellement injuste, parce qu'elle ne pourrait avoir pour effet que de dépouiller et désagréger la famille. Pour qu'elle se comprenne, et qu'elle puisse prévaloir, il faut supposer un régime de propriété individuelle et libre.

Ainsi, ce qui varie, ce n'est pas seulement la législation positive, c'est aussi la prétendue législation idéale, qui est elle-même contingente, arbitraire, destinée à subir l'influence du temps, du milieu, des caractères individuels. « Les auteurs, disait BENTHAM (1), ont pris ce mot (de droit naturel) comme s'il y avait un Code des lois naturelles ; ils en appellent à ces lois, ils les citent, ils les opposent littéralement aux lois des législateurs, et ils ne s'aperçoivent

______

(1) *Principes de législation*, ch. XIII. Edit. Bruxelles, 1840, t. I, p. 46.

pas que ces lois naturelles sont des lois de leur invention ».

Si certains représentants de l'École du droit naturel (1) ont encore tendance à confondre l'art de la législation et la philosophie du droit, d'autres (2) font très nettement la différence et concèdent volontiers que le droit naturel n'a pas pour tous les problèmes des recettes et solutions toutes prêtes. Ce qu'on lui demande, c'est une orientation, une direction, par exemple, en matière de procédure, un principe destiné à sauvegarder le droit de la défense, la liberté des témoins, l'impartialité du juge ; mais tous les détails de la procédure sont d'ordre contingent. Pour toute cette réglementation, le législateur tient compte des éléments dont il peut disposer, en tâchant d'en tirer le meilleur parti possible : il a recours à la méthode d'observation, procède à des enquêtes, consulte les statistiques ; toutes les expériences antérieures sont prises en considération.

Sauf quelques réserves, on doit également reconnaître que la direction fournie par le droit naturel n'est pas constante : elle comporte des variations. On peut dire en effet de l'idéal juridique ce qu'on a dit de l'idéal moral. « La morale n'est absolue et fondée sur l'idée de perfection que dans sa *forme* ;

---

(1) FRANCK. *Philosophie du droit civil.* — BEAUSSIRE. *Les principes du droit.*

(2) BOISTEL. *Philosophie du droit,* t. 1, p. 2. — BEUDANT. *Individu et État,* p. 36.

dans son contenu, elle est relative et doit tendre à perfectionner dans le temps son idéal » (1). Le désir de concilier l'idéal juridique avec les lois de nature impliquait un élément variable, car la nature humaine est complexe ; elle offre à nos aspirations des *desiderata*, des qualités diverses, le plaisir, le courage, l'intelligence, la bonté, le dévouement. Tel ou tel élément pourra paraître prédominant, et les conceptions en seront modifiées. Que de transformations se sont opérées dans l'idée de justice pénale, d'abord confondue avec celle de l'équivalence du mal par la vengeance, modifiée par la préoccupation du mobile et des circonstances de fait, tenant compte du cas fortuit, de la légitime défense (2). « Dans l'ordre du droit privé, dit LABBÉ (3), sur le terrain qui paraissait si ferme de la législation romaine en matière d'obligations, nous voyons aujourd'hui éclore des conceptions nouvelles. Dans la formation du contrat, la volonté du créancier a paru d'abord, notamment dans la stipulation, être l'élément primordial. Le stipulant détermine ce qu'il veut avoir le droit d'exiger ; l'adhésion du débiteur complète et perfectionne l'obligation. Puis, dans les contrats consensuels, les deux parties sont sur un pied d'égalité ; — l'accord des volontés, quel que soit l'ordre

---

(1) BERNÈS. *Morale*, p. 12.

(2) LABBÉ. *Préface du Droit romain de Cuq*, p. II.

(3) *Id.*, p. XIV.

dans lequel elles se sont manifestées, noue le lien juridique. — Dans un projet de loi déjà célèbre, l'évolution continue. La volonté du débiteur tend à devenir l'élément prépondérant dans la naissance de l'obligation. Il suffit qu'un créancier survienne pour en recueillir le bénéfice. — Trois formes successives ont satisfait à un même besoin de justice. Partout l'évolution apparaît comme le procédé et l'agent du progrès. »

En ce moment, ne voyons-nous pas également de nouveaux principes d'interprétation se substituer à ceux qui étaient anciennement admis, ou prendre place à côté d'eux. Ainsi beaucoup d'actes dommageables, dont le pouvoir social se désintéressait, donnent droit aujourd'hui à une réparation. Mais cette réparation peut être obtenue à un double titre. Tantôt l'auteur du fait dommageable est recherché à raison de la participation qu'il a prise : il est déclaré responsable. Tantôt, sans que la responsabilité d'une personne soit engagée, on tient pour juste de faire peser sur cette personne tout ou partie des risques. Dans le premier cas se pose une question de faute ; dans le second cas, une question de risques. En matière de responsabilité, la loi formule un principe très général ; en matière de risques, elle se borne à faire elle-même la répartition des risques dans un certain nombre de cas. En dehors de ces cas, les interprètes cherchent à découvrir et dégager le principe qui doit les guider. Sans éliminer la conception ancienne, une conception nouvelle prend place à côté d'elle : il faut apprendre à faire la part de chacune d'elles (1).

Le principe que la convention fait la loi des parties a réalisé un progrès manifeste. Il assure le respect de la parole donnée, en faisant découler l'engagement d'un accord de volonté. Ce principe est pourtant dépassé. On tend à considérer qu'il n'y a pas de contrat respectable, si les parties n'ont pas été placées dans des conditions non seulement de liberté, mais d'égalité. Si l'un des contractants est sans abri, sans ressources, condamné à subir les exigences de l'autre, la liberté de fait est supprimée. De là, des restrictions de plus en plus nombreuses au principe que la loi ne fait que sanctionner la convention. La formule « nonobstant toute convention contraire » semble devenir de style dans beaucoup de lois ouvrières. L'application de la théorie de l'abus du droit, l'extension des pouvoirs du juge, le droit que lui confèrent les articles 133 et 138 du Code civil allemand, affaiblissent le principe ancien et en atténuent la rigueur. Ainsi, dans le droit privé, la conception du contrat n'a pas cessé de progresser. La notion du droit individuel s'est élargie ; la société et l'individu ont une conscience plus nette de ce qu'ils se doivent réciproquement.

Le droit naturel n'est donc pas incompatible avec l'idée de l'évolution ; mais il doit renoncer « dans

---

(1) Cons. Marc Desserteaux. Des accidents du travail qui donnent droit à plusieurs indemnités. Introduction, p. 2.

ses affirmations, ses conclusions, à mettre des idées absolues et définitives » (1). Il ne peut avoir, suivant le mot expressif de Stammler (2) qu'un « contenu variable » (ein naturrecht mit wechselndem inhalt (3).

---

(1) Labbé. *Préface du Droit romain de Cuq.*, p. 13.

(2) Stammler. *L'économie sociale et le droit d'après la conception historique matérialiste*, p. 685. Conf. Saleilles. *Revue trimestr. de droit civil*, 1902, p. 97.

(3) « Ce qui ne change pas, dit M. Saleilles, c'est le fait qu'il y a une justice à réaliser ici-bas : c'est le sentiment que nous devons à tous le respect de leur droit, dans la mesure de la justice sociale et de l'ordre social. Mais quelle sera cette mesure, quelle sera cette justice, quel sera cet ordre social ? nul ne peut le dire *à priori*. Toutes ces questions dépendent des faits sociaux avec lesquels le droit entre en contact : ces faits changent, évoluent et se transforment. Mais cela dépend aussi des conceptions que l'on se fait de la justice, de l'ordre, de l'autorité et de la liberté du droit de la communauté et de ceux de l'individu, de la proportion des rapports de prépondérance à établir dans le conflit incessant qui s'élève entre ces forces opposées ; et cette proportion varie et alterne. Suivant les abus causés par la prépondérance de l'un par rapport à l'autre, il faut renverser les facteurs. La notion d'ordre social s'en trouve modifiée, et la conception que l'on se fait de la justice sociale en reçoit le contre-coup ». (*Loc. cit.*, p. 98).

X

LIBRE RECHERCHE SCIENTIFIQUE

La libre recherche scientifique est le moyen pro-
posé par M. Geny pour permettre à l'idéalisme juridique d'exercer directement son action sur l'interprétation du droit. Dans ses travaux si importants
et si connus, son étude sur la Méthode d'interprétation en droit privé positif et son discours sur la Notion du droit positif à la veille du xxe siècle, M. Geny
a montré comment l'action du droit naturel s'était en
quelque sorte épuisée dans le mouvement de codification auquel elle avait abouti. L'idée d'un droit
conçu par la raison conduit logiquement au régime
de la loi, à l'exagération de l'élément légal. La loi,
c'est la raison formulée et souveraine : elle peut et
doit tout prévoir, tout décider. Le seul rôle du juge
est d'en assurer l'application. Dans la pensée dominante au moment de la Révolution, le règne de la loi
doit supprimer toutes les difficultés d'interprétation.
Tous les commentaires ne sont bons qu'à ressusciter
l'art misérable de la chicane : le bon sens et la
volonté de respecter la loi peuvent et doivent suffire

à tout. On sait la surprise irritée de Napoléon à l'apparition du premier commentaire de TOULLIER, et le mot qu'on lui prête. A la vérité tous ses conseillers ne partageaient pas son sentiment ; la plupart considéraient que la codification laissait subsister la nécessité d'une interprétation juridique et que cette interprétation devait s'exercer avec une certaine liberté (1). C'est ce que pensaient également les premiers commentateurs du Code, MERLIN, PROUDHON, DURANTON, TOULLIER, DUVERGIER. Mais quand on arrive à la seconde moitié du siècle, les interprètes s'enferment dans l'étude du Code et font prévaloir une méthode d'interprétation que M. GENY a caractérisée. Elle découle de cette idée que la loi doit fournir toutes les solutions juridiques désirables. Le législateur est censé avoir tout prévu, tout réglé ; si le texte ne donne pas la solution expresse de toutes les difficultés qui peuvent se présenter, il fournit tout au moins le principe à l'aide duquel ces difficultés peuvent être résolues. L'art de l'interprète se borne à découvrir ce principe pour en dégager les conséquences. Et ces conséquences logiquement dérivent de la loi. Cette méthode traditionnelle a des avantages incontestables. Elle rassure l'interprète en faisant de lui l'organe de la loi ; elle satisfait

----

(1) « Une foule de choses sont nécessairement abandonnées à l'empire de l'usage, à la discipline des hommes instruits, à l'arbitrage des juges. » *Discours préliminaire sur le projet de Code civil.* FENET, t. I, p. 476.

les exigences de notre esprit classique, et paraît donner à notre droit une grande fermeté de doctrine. Mais en regard des avantages, il faut voir les inconvénients. On reste rivé au moment de la naissance de la loi. Le droit qui croit pouvoir se suffire à lui-même s'isole des autres sciences, perd tout contact avec la vie. Le respect de l'interprète pour les textes n'est qu'une vaine apparence, parce qu'en réalité le commentateur crée lui-même les principes qu'il prête au législateur pour leur procurer un semblant d'autorité. Ces soi-disant principes, qui ne sont que des conceptions subjectives, finissent par devenir tyranniques, embarrassent la science et font obstacle au progrès. Par exemple, on érige en principe que tout droit implique un sujet qui ne peut être qu'une personne civile ou morale. La conséquence, c'est qu'il ne peut y avoir de droits pour qui n'est pas encore conçu au moment où le droit prend naissance ; les cas dans lesquels la loi garantit les droits d'une personne future seront donc considérés comme exceptionnels et ne pourront pas être étendus. Ainsi l'assurance sur la vie au profit des enfants à naître, la libéralité adressée à une personne morale non encore reconnue ne seront pas possibles.

Après avoir dénoncé les abus de la méthode traditionnelle, M. Geny étudie longuement la théorie des sources du droit et s'attache à reconstituer une méthode d'interprétation.

Avant tout, le devoir de l'interprète est d'appliquer la loi. Mais comment l'interpréter ? Comme on interprête toute volonté humaine énoncée dans un acte écrit. On détermine le contenu de cet acte par la formule qui l'exprime. M. GENY répudie généralement tout système tendant à interpréter la loi suivant les exigences du moment où elle s'applique. Ce système qui consiste à séparer le texte de la pensée du législateur, à lui donner une existence indépendante, soumise à la loi d'évolution, subordonnée au milieu social, substitue la volonté de l'interprète à celle de la loi, et sacrifie ce qui est l'essence de la loi, la volonté consciente et réfléchie du législateur, dont le sens est fixé dès qu'elle s'est formulée. L'interprète ne peut donc donner aux dispositions légales une portée qui dépasse les prévisions de ceux qui les ont rédigées.

Pour toute question qui demeure en dehors des prévisions de la loi, on doit d'abord se demander s'il n'est pas possible de recourir à d'autres sources : coutume, tradition, autorité jurisprudentielle ou doctrinale. M. GENY ne classe pas toutes ces sources au même rang. Il détermine leur force et leur importance respective, et par suite le degré de liberté qui subsiste pour l'interprète. Et même cette liberté reste entière toutes les fois que la question échappe à toutes les prévisions. L'interprète doit alors trouver lui-même la solution : il doit la chercher *librement et scientifiquement*, librement parce qu'il est affranchi de toute influence extérieure, scientifiquement parce que cette recherche ne doit pas être arbitraire. « Il s'agit de constituer par un effort scientifique une sorte de droit commun, général par sa nature, subsidiaire par son office, qui supplée aux lacunes des sources formelles et dirige tout le mouvement de la vie juridique » (1). Pour édifier cetteconstruction, sur quelles bases fau-til s'appuyer ? Sur les données de la raison et de la conscience, — sur les sciences auxiliaires du droit, — et sur l'observation de la vie sociale, qui nous révèle ce que M. Geny appelle la « nature des choses positive » (2). L'organisation juridique vise en effet à réaliser dans la vie de l'humanité un idéal de justice et d'utilité, « en entendant par utilité ce que l'opinion commune fait envisager comme le bien du plus grand nombre » (3).

L'idéal de justice nous est donné par la conscience ; selon M. Geny, c'est une intuition de la raison. M. Geny ne craint pas de s'exposer au reproche de revenir au droit naturel si discrédité par l'École historique. Il ne voit dans ce discrédit qu'un excès de réaction contre une doctrine qui ne pouvait se soutenir dans la forme absolue qu'elle avait prise (4). C'est une prétention insoutenable que de se représenter le droit naturel comme universel, toujours identique à lui-même, pouvant suffire par ses principes abstraits aux exigences les plus minutieuses de la vie so-

---

(1) Geny. *Méthode d'interprétation*, p. 470.

(2) *Méthode d'interprétation*, p. 472.

(3) *Id.*, p. 471.

(4) *Id.*, p. 477.

ciale. M. Geny ne paraît pas éloigner non plus de concéder que cet idéal n'est qu'une pure croyance ; qu'est-ce, en effet, qu'une intuition de la raison sinon une croyance ? « Si nous négligeons les mots pour mieux envisager les choses, ne devons-nous pas dire que la vérité totale, objet nécessaire de nos recherches s'obtient, — tantôt par des procédés déterminant une conviction plus ferme, plus irrésistible, et c'est ce que nous appelons *science*, — tantôt par une voie moins lumineuse, quoique non moins sûre peut-être dans ses résultats, et c'est, dans notre terminologie actuelle, la *croyance*. Qu'en cette dernière notre intelligence trouve une satisfaction moins profonde, que, pour la découvrir, la raison pure doive avouer son impuissance, tout au moins s'aider du sentiment, ou plus exactement à mon gré modifier le processus normal de ses opérations en laissant la plus large part à cette forme de son activité qu'on appelle la conscience morale, c'est ce qu'on peut reconnaître, sans pourtant autoriser une science, tout entière dirigée vers la pratique, telle qu'est la nôtre, à supprimer de son horizon les résultats de la croyance. En définitive, la raison pratique doit rester pour nous le complément de la raison pure » (1). Dans cette idée que M. Geny se fait du droit, on retrouve une sorte de kantisme mitigé, affaibli ; — le sentiment se mêle à la raison pour constituer la croyance.

____

(1) Méthode d'interprétation, p. 479.

Si les principes de justice nous sont révélés par la conscience, c'est en nous que nous les trouvons. S'en suit-il que ces principes aient, comme le dit l'École allemande, un pur caractère de subjectivité ? M. Geny ne le croit pas. Il voit dans ces concepts « la représentation d'une réalité supérieure placée en dehors de nous-mêmes » (1). Ces concepts, en effet, ne sont pas purement individuels, différents en chacun de nous : ils ont un caractère d'universalité qui tient à leur existence objective. Tout ce qu'on peut concéder c'est qu'en passant à travers l'âme de chacun, ils s'imprègnent de subjectivité, et paraissent perdre ainsi « leur aspect d'entités supérieures à l'homme et indépendantes de lui » (2).

---

(1) *Id.*, p. 486.

(2) *Id.*, p. 486. En analysant la notion de justice, M. Geny est amené à se demander ce qu'il faut entendre par sentiment d'équité, et quel côté on doit assigner à ce sentiment dans l'interprétation du droit positif. Si nous ne nous trompons, l'équité, pour M. Geny, n'est autre chose que le sens du juste affiné par l'éducation juridique. « C'est une sorte d'instinct, qui, sans faire appel à la *raison raisonnante*, va de lui-même et tout droit à la solution la meilleure et la plus conforme au but de toute organisation juridique. » (p. 488.) Il n'est ni possible ni légitime de dénier toute autorité à l'équité. C'est un fait d'expérience que dans un grand nombre de cas elle nous conduit à la solution juste plus sûrement et rapidement que ne pourrait le faire le raisonnement. Certaines théories, par exemple, celle du conflit des lois anciennes et des lois nouvelles ne peuvent être éclairées que par la lumière de l'équité : toutes

Si les principes de justices révélés par la raison et la conscience servent de point d'appui à la libre recherche, ces principes ne sauraient fournir à l'interprète obligé de suppléer aux lacunes des sources formelles du droit, qu'une direction plutôt qu'une solution précise. Il faut qu'il prenne contact avec la réalité, qu'il fasse porter son investigation sur ce que M. GENY appelle la *nature des choses positives*. Cette expression, qui n'est pas nettement définie, paraît embrasser l'ensemble des rapports sociaux et des fins que ces rapports impliquent. La loi positive qui réglemente ces rapports constitue elle-même une réalité : en d'autres termes, l'interprète doit pouvoir trouver dans les solutions des textes des éléments de solution applicables à des cas que la loi n'a pas prévus. Cette extension des solutions légales s'opère à l'aide d'un procédé bien connu, l'analogie. Ce procédé consiste à déduire une solution de la similitude établie entre deux situations. Telle situation est comparable à telle autre réglée par la loi : on admettra qu'elle est réglée de la même manière.

---

les distinctions fondées sur un principe rationnel ne peuvent fournir des solutions satisfaisantes. Mais l'interprète doit autant que possible, pour se mettre à l'abri du danger d'arbitraire, apprécier la situation en elle-même, en faisant abstraction des circonstances individuelles propres à l'espèce (qualités des personnes, résultats de la décision), à moins que la loi ne renvoie à l'équité ainsi comprise (ex. art. 1854, 1870. C. c., modifié par la loi du 27 décembre 1890).

L'analogie est un procédé extrêmement fécond (1). Tantôt il étend la portée d'une décision d'un cas à un autre cas ; c'est ce que les Allemands appellent analogie de la loi (Gesetzeanalogie) ; tantôt elle dégage des dispositions éparses une règle générale fournissant toute une série de solutions (c'est ce qu'on nomme analogie du droit (Rechtsanalogie) (2).

De l'analogie, par une transition presque insensible, M. Geny passe aux moyens d'interprétation

---

(1) Il convient d'observer que M. Geny, qui fait à l'analogie une place importante dans la libre recherche, refuse de la considérer comme un procédé d'interprétation légale. Ce n'est pas là une pure question de mots. L'analogie, considérée comme procédé d'élaboration juridique, n'a pas pour but de prêter au législateur une intention qu'il peut très bien n'avoir pas eue. En généralisant des solutions fournies par les textes, l'interprète s'inspire non pas d'une prétendue pensée du législateur, mais des considérations morales, politiques, économiques, sociales, qui expliquent ces solutions. En outre, l'analogie, envisagée comme procédé d'interprétation légale par cela même qu'elle prétend tenir compte d'une volonté du législateur, s'impose à l'esprit de l'interprète ; tandis que la libre recherche n'a rien d'impératif.

(2) N'est-ce pas, par un moyen détourné, revenir à l'emploi de la construction juridique dont M. Geny a dénoncé l'abus ? Lui-même se défend d'avoir encouru ce reproche, en invoquant toujours cette même raison que l'analogie, telle qu'il la conçoit, est l'œuvre de l'interprète : elle reste laissée à son interprétation ; à la différence de la construction juridique, elle ne prête pas au législateur une volonté hypothétique. (*Méthode d'interprétation*, p. 502.)

véritablement objective (1). En effet, l'analogie du droit, qui cherche à dégager l'esprit des solutions légales, ne prend plus qu'un léger point d'appui dans le droit privé positif : il n'y a plus, dès lors, qu'un pas à faire pour que l'ensemble du système légal apparaisse comme un élément de notre civilisation, de nature à suggérer des solutions juridiques. A proprement parler, ce n'est plus de l'analogie, c'est une vaste synthèse des solutions légales qu'on a pu appeler la philosophie du droit positif (2). Ce n'est pas seulement l'ensemble de la législation existante qu'il faut consulter : c'est à toutes les sciences sociales et même aux sciences techniques qu'il faut demander des inspirations, des suggestions. Le droit se rattache ainsi à toutes les autres sciences et cesse d'être un art inférieur, l'art de discuter, de commenter les textes. M. SALEILLES (3) a pu dire après M. GENY : « Le droit suppose la science universelle ». Ainsi le problème d'une législation sur la houille

---

(1) *Méthode d'interprétation*, p. 507.

(2) On raisonne ainsi, quand, par exemple, pour trancher la question de la validité des aliénations consenties par l'héritier apparent, on se demande si, dans l'ensemble de notre droit, l'intérêt du crédit n'est pas d'ordre supérieur à la conservation du droit de propriété. (Conf. Cass. civ., 26 janvier 1897. *Pand* P. 1901, 1, 209 et *Rev. critique.* Examen de jurisprudence, 1902, p. 16.)

(3) *Les méthodes d'enseignement du droit et l'éducation intellectuelle de la jeunesse*, p. 7.

blanche est la mise en œuvre des données de l'économie politique et de la science de l'ingénieur. Pour découvrir la solution qui concilie le mieux les fins de la justice et celles de l'utilité, il faut tenir compte des précédents, juger les résultats des expériences faites pour les mines et pour les chemins de fer. A la vérité, on peut objecter qu'il s'agit là d'une question de législation. Mais la libre recherche scientifique rapproche le rôle de l'interprète de celui du législateur, — puisque l'interprète, si la loi est muette, doit s'inspirer des considérations qui dicteraient au législateur la *lex ferenda*.

Cependant, il ne faudrait pas croire que l'interprète fût investi d'un pouvoir sans limite. Non seulement, il ne peut intervenir que pour suppléer les sources formelles, mais il n'a pas, dans cette mesure même, toute latitude pour créer des règles de droit. Il ne peut ni faire échec aux principes généraux de notre organisation juridique, explicitement ou implicitement consacrés (1), ni formuler une réglementa-

---

(1) C'est pour cette raison, fait observer M. Geny, que la Cour de Cassation a jugé impossible de consacrer la pratique des séquestres et liquidations judiciaires suivies dans certains Tribunaux et destinée à suppléer à l'absence d'organisation de la déconfiture. Assurément, c'est une bonne institution. Elle dessaisit le débiteur au moment où son administration peut devenir dangereuse ; elle substitue aux poursuites individuelles une mesure de réalisation collective ; des précautions sont prises pour que les créanciers soient connus et payés au marc

tion de détail pour l'exercice de certains droits, en établissant des délais, des formalités, des règles de publicité (1).

Il ne saurait suffire d'indiquer ce que la libre recherche ne peut pas faire. Pour rendre sensible le fonctionnement de la méthode et pour permettre d'en apprécier les résultats, il faudrait montrer ce qu'elle peut faire et l'appliquer à un certain nombre de problèmes juridiques. M. Geny s'est réservé d'entreprendre plus tard, sous forme de monographie, quelques essais d'adaptation. Dans son livre, il s'est borné à donner quelques aperçus. La libre recherche, comme l'art de la législation, utilise et combine trois principes : le principe de l'autonomie de la volonté, celui de l'ordre public, celui de l'équilibre des intérêts.

Le premier, l'autonomie de la volonté, paraît à M. Geny plus fécond qu'on ne le pense commu-

---

le franc. Et pourtant la Cour de Cassation ne s'est pas crue autorisée à faire une place à cette institution, qui paralyse le droit de libre disposition d'un propriétaire sur ses biens, et met obstacle au droit de poursuite individuelle des créanciers. (Cass., 13 novembre 1889. S. 90, 1, 8. Conf. *Revue critique*, 1891, p. 79.)

(1) M. Geny admet cependant que la Jurisprudence peut contribuer à ériger en règle coutumière l'usage d'observer certains délais ; c'est ce qu'elle a fait pour les cessions de fonds de commerce. Elle peut parvenir à créer une réglementation, pourvu qu'elle soit très simplifiée (V. Geny, *Revue critique*, 1899, p. 461).

nément. La libre recherche dans bien des cas peut s'en inspirer utilement, par exemple, — pour organiser la cession de dettes dont la loi n'a pas parlé, mais qu'elle n'a pas pour cela défendue, — pour créer des droits réels *sui generis* à la seule condition de respecter les principes de notre organisation sociale (1), — pour trancher la question de savoir à quelles conditions la volonté devient génératrice d'obligation (2).

Le principe de l'autonomie de la volonté n'est pas seulement limité par celui de l'ordre public : il reste aussi subordonné au principe de l'équilibre des intérêts que M. GENY formule ainsi (3) : « chercher à résoudre les questions juridiques, qui se ramènent toutes à des conflits d'intérêts, par une exacte appré-

---

(1) V. sur la nature du dr it résultant de certaines clauses d'exonération stipulées par les Compagnies concessionnaires de mines à raison des dommages que l'exploitation pourrait occasionner à des terrains vendus par elles. (Cass., 12 décembre 1899. S., 1901, 1-497, n. TISSIER. — *Pand.* P. 1900, 1-241, n. GENY. — *Revue Bourguignonne*, 1897, t. VII, p. 151).

(2) Pour résoudre cette question, M. GENY estime que ce qui importe, ce n'est pas tant de savoir à quelles conditions il y a rencontre de volontés, que dans quelles circonstances générales le rapprochement des vouloirs paraît suffisant pour mériter la consécration légale (p. 532). Cette considération l'amène à valider non pas indistinctement toutes les promesses unilatérales, mais seulement celles qui paraissent répondre à un but social désirable.

(3) *Méthode d'interprétation*, p. 542.

ciation et une judicieuse comparaison des intérêts en présence, en visant à les équilibrer conformément aux fins sociales ». Ce principe a dirigé le législateur dans un très grand nombre de cas (1) ; à défaut de sources formelles, il doit aussi servir de guide à l'interprète. C'est en l'appliquant judicieusement qu'on arriverait dans des hypothèses contestées à savoir qui doit supporter la charge de la preuve, — à préciser la théorie de l'abus du droit, en comparant à l'importance d'un droit celui des intérêts qu'il contrarie (2). M. Geny estime également qu'on pourrait de la même façon résoudre les grosses difficultés auxquelles donne lieu la question de l'extension de la responsabilité civile. Dans le silence de la loi qui n'a prévu que la responsabilité des fautes, il appartient à l'interprète de régler au mieux des exigences de la justice et du sentiment moral tout ce qui est à proprement parler question de risques (3).

De ce long et pourtant bien insuffisant exposé des idées de M. Geny, nous devons essayer de dégager une conclusion.

Son livre est avant tout une œuvre de franchise qui a dénoncé très fortement les erreurs, les excès de la méthode traditionnelle, la part de fiction qu'elle comporte. Nul aujourd'hui ne peut penser que la loi

---

(1) V. ceux que cite M. Geny. *Loc. cit.*, p. 450.

(2) Geny, p. 544.

(3) Geny, p. 547.

écrite suffit à tout ; nul ne méconnaîtra la nécessité de se tenir en garde contre l'abus de l'élément logique qui trompe le juriste, lui enlève le sens de la réalité, le sens du juste et de l'injuste, — contre l'abus des constructions systématiques qui finissent par devenir une sorte d'*idola fori*, auxquelles le législateur lui-même finit par ne plus oser toucher.

Sans chercher à dissimuler les conséquences mauvaises de ces procédés d'interprétation, il convient pourtant d'observer (1) que ces inconvénients ont été atténués, tempérés par la modération, l'esprit d'équité de la plupart de ceux qui ont pratiqué ces méthodes.

Il ne faut pas non plus se dissimuler que les dangers de la libre adaptation, ou de la libre recherche ne sont pas eux-mêmes moins redoutables ni moins faciles à éviter.

Que la loi soit appliquée libéralement, humainement, que le texte soit autant que possible adapté aux exigences de la vie moderne, que le juge tienne compte pour déterminer la portée d'un texte des modifications résultant des lois successives, des changements dans l'ensemble de la législation, — c'est très admissible. Mais cela ne saurait empêcher que la loi ne soit avant tout l'expression d'une vo-

---

(1) Tissier. Compte rendu du livre de Geny. *Rev. Bourguignonne*, tir. à part, p. 18. — Chausse et Charmont. *Les interprètes du Code civil. Livre du Centenaire*, t. I, p. 135.

lonté déclarée. Quelle sécurité présentera la législation d'un pays, si les juges, sous prétextes d'apprécier les altérations insensibles de la loi, « s'attribuent le droit de décider que tel ou tel article doit avoir le sens qu'il aurait s'il était rédigé par eux » (1).

La libre recherche comporte sans doute moins de fiction, moins d'artifice, par contre, elle s'expose au reproche (2) de ne pas intégrer les solutions juridiques dans l'ensemble de l'organisation générale, dans une trame tissée à l'avance. La décision d'un juge qui fait acte de législateur, paraîtra toujours individuelle, arbitraire, partiale ; elle n'aura pas l'autorité de la loi. Si la méthode traditionnelle exagère parfois le rôle de la logique, la libre recherche ne

---

(1) ALFRED MARTIN. *Observation sur les pouvoirs attribués au juge par la C. civ. suisse*, p. 16. — Conf. TISSIER. *Loc. cit.*, p. 15.

(2) « Si je discutais, j'aurais peut-être à me demander s'il suffit, dans la période de civilisation où nous sommes, d'un élément de formation coutumière ou doctrinale pour qu'un droit, de subjectif qu'il était au début, nous apparaisse avec la forme objective qu'il doit prendre pour entrer dans le cadre de notre construction juridique. En se plaçant au point de vue même des lois sociologiques, peut-être découvrirait-on, comme élément nécessaire à la caractéristique du droit, cette part de rattachement à un système de codification, qui lui donne quand elle ne viendrait encore que de l'interprète, doctrine ou jurisprudence, la frappe dont le public a besoin pour sa propre sécurité ». (SALEILLES. *Préfaces du livre de* GENY, p. XI et XII).

lui fait pas sa part. La logique, en effet, a toujours été un procédé d'intégration, un moyen de concilier, d'unifier toutes les parties de l'organisation juridique. Comme le dit M. MEYNIAL (1) dans son étude sur le « Rôle de la logique dans la formation scientifique du droit ». « L'esprit humain (il est ainsi fait) ne se soumet qu'à ce qui est ordonné, construit sans contradictions. La loi n'y échappe pas ; elle ne nous satisfait qu'à la condition de répondre au besoin général d'ordre et d'harmonie que nous éprouvons tous ; pour qu'elle s'impose à nous, il faut qu'elle soit une œuvre de raison, qu'elle revête le caractère nécessaire des vérités logiques, que toutes ses parties en semblent reliées par le lien de cause à effet. Sans cela, elle ne nous semble plus supérieure à nous-mêmes, et nous avons envie de lui contester son droit de commander ».

---

(1) Extr. de la *Revue de métaphysique et de morale*, p. 24.

XI

LA THÉORIE DU DROIT OBJECTIF
DE M. DUGUIT

Parmi les doctrines, qui nous ramènent à l'idéalisme juridique, comment pouvons-nous mentionner les théories de M. Duguit ? Ne sont-elles pas, au contraire, avant tout réalistes, fondées sur les faits, dédaigneuses des abstractions, inspirées par un désir évident de rompre, suivant l'expression de M. Duguit lui-même (1), « avec des concepts de pure métaphysique, qui appartiennent comme tels au domaine de l'inconnaissable, qui peuvent servir de thème à un système religieux ou à une œuvre poétique, mais qui sont tout à fait étrangers à la science positive ». Il prend soin de déclarer, dès les premières pages de son livre sur le *Droit objectif et l'Etat* (2), que le droit de l'individu est « une pure

---

(1) Le droit constitutionnel et la Sociologie. *Rev. intern. de l'Enseignement*, 1889, p. 487.

(2) P. 12.

hypothèse, une pure affirmation métaphysique, point une réalité ». Par une sorte de fiction, on suppose un contrat passé entre l'individu et l'État ; dans ce contrat dont l'histoire n'a jamais cité d'exemple, l'individu fait des réserves à son profit : il y a toute une partie de son moi qui demeure protégé et devient intangible. On est amené, pour les besoins de cette construction, à donner à la collectivité une personnalité d'emprunt, à faire de l'État opposé à l'individu un sujet de droit. Ces doctrines ont pu, à une certaine époque, être utilisées. Elles ont permis de limiter la toute puissance de l'État, de mettre un terme à l'arbitraire dans l'administration et dans la justice, de faire faire un grand progrès **au droit** public. Mais, comme tous les principes artificiels, elles conduisent à de fausses conséquences. Elles opposent faussement l'individu à l'État ; tout ce qui est enlevé à l'un paraît conquis par l'autre. Elles assignent à l'État des limites fixes et invariables, tandis que, en réalité, ces limites varient avec le temps, le milieu social, les circonstances, le caractère des citoyens. Elles déterminent ces limites négativement plutôt qu'elles ne confèrent à l'État des attributions positives. Elles sont en contradiction avec la loi d'évolution : la prétention de fixer les droits de l'homme par des règles immuables, universelles est irréalisable.

Ainsi M. Duguit évite de parler du droit subjectif, du droit qui prend sa source dans l'individu lui-même. Pour lui, le droit est avant tout une règle *objective*, qui vient du dehors au lieu de venir du dedans. Fidèle à sa méthode réaliste, il prétend fonder cette règle sur un fait, le fait de la solidarité. Ce fait n'est pas lui-même une règle de conduite, mais c'est un ressort d'action. Chacun se conçoit comme solidaire de ses semblables : ce qui veut dire que nous sommes utiles aux autres et que nous ne pouvons pas nous passer d'eux. L'homme est ainsi à la fois individuel et social, et plus son individualité se développe, plus il se sent uni aux autres et par conséquent plus social. L'individualisation et la socialisation, loin de s'opposer, demeurent en fonction l'une de l'autre.

Ce qui distingue M. Duguit des autres solidaristes, c'est qu'il n'entend donner aucune valeur morale au fait de la solidarité. Celle-ci n'a rien d'impératif ; elle ne commande pas : elle s'impose par elle-même, par sa seule intelligibilité. « Nous ne disons pas : l'homme doit coopérer à la solidarité sociale parce que cette coopération est bonne en soi ; mais l'homme doit coopérer à la solidarité sociale parce qu'il est homme et que comme tel il ne peut vivre que par la solidarité. Nous ne disons pas : l'acte de coopération à la solidarité est bon ; nous disons, l'acte de coopération a une valeur et des conséquences sociales » (1). La conformité à la solidarité n'est pas une règle de morale ; c'est une règle de

____

(1) *Droit constitutionnel*, p. 16.

droit. Tous les individus, — et la société n'est autre chose que le nom qui désigne l'ensemble des individus, — n'ont et ne peuvent avoir qu'un but, vivre conformément à la solidarité. De ce fait que l'homme ne peut vivre que par la solidarité, nous tirons cette conséquence que tout acte, qui tend à réaliser cette solidarité, s'impose au respect du corps social (1). Inversement, chacun doit s'abstenir d'un acte contraire à la solidarité sociale. Le principe est constant, mais comme les formes de la solidarité sont susceptibles de varier à l'infini, la règle est en même temps changeante ; le jurisconsulte l'adapte aux conditions du milieu et de l'époque. Elle n'a pas comme le droit naturel l'inconvénient d'être absolu et immuable.

Cependant — et c'est là pour nous un trait caractéristique — tout en niant l'existence de ces droits naturels subjectifs, droits fondés sur une pure croyance ou sur le respect de la personne humaine, M. Duguit se défend d'arriver aux conclusions décevantes de la doctrine réaliste allemande. Il est l'adversaire des doctrines absolutistes, de la toute-puissance de l'État ou de son auto-limitation, qui n'est, comme le dit, qu'une forme déguisée d'omnipotence. Les actes des gouvernants ne sont, à ses yeux, légitimes que s'ils sont conformes à la solidarité sociale. M. Duguit tient grand compte du droit des minorités ; c'est un partisan de la représentation pro-

____

(1) *Droit constitutionnel*, p. 84.

portionnelle ; le *referendum*, la dissolution des Chambres lui paraissent des institutions excellentes, parce qu'elles maintiennent la solidarité entre gouvernants et gouvernés. La plupart des abus qu'on condamne, au nom du respect des droits de l'homme, la mise hors la loi d'une catégorie de personnes, par exemple le régime de la réglementation policière de la prostitution, M. Duguit les réprouve, au nom de ses propres principes. Ainsi, comme on n'a pas manqué de le faire remarquer, niant tout *a priori*, toute croyance morale, tout principe métaphysique, M. Duguit aboutit cependant aux conséquences qui se dégagent de ces principes et de ces croyances. « M. D... veut que les gouvernements soient les gouvernements de cette forme supérieure de la justice qui est la solidarité » (1). « Certes, observe également M. Deslandres (2), M. Duguit s'inspire d'idées qui sont aux antipodes des idées d'un Rousseau, ou des constituants individualistes de 89, ou de l'individualiste libéral qu'était Benjamin Constant : il n'en est pas moins vrai que sa position est la même que la leur, quant à la question qui nous occupe, du fondement de la loi. Il y a, à travers les siècles, toute une famille d'esprits, qui ont cru à une justice, à un ordre social idéal découlant de la nature

----

(1) Barthélemy. *Revue de droit public*, 1908, p. 162.

(2) Étude sur le fondement de la loi. *Revue de droit public*, 1908, p. 10.

des choses, de la raison, des droits naturels de l'homme, du fait social, dont la loi positive doit de toute nécessité s'inspirer, dont la loi positive tire sa légitimité, celle-ci n'existant que dans la mesure en effet où la loi positive en procède. »

Mais les conclusions de M. Duguit découlent-elles de ses principes ? Nous n'hésitons pas à croire que M. Duguit prête à ses principes une vertu qu'ils n'ont pas.

Nous avons déjà constaté, à propos du solidarisme, l'impossibilité de passer du fait au devoir, de l'énonciatif ou normatif. A cet égard, l'illusion des premiers solidaristes n'a pas été de longue durée : tous, ou presque tous ont reconnu que le fait de la solidarité ne pouvait se transformer logiquement en règle obligatoire. L'homme compte avec les faits dans la mesure de ses forces ; il les subit, aperçoit les avantages et les dommages, qui peuvent en résulter pour lui, cherche à s'assurer les uns, à s'éviter les autres, y réussit plus ou moins complètement. Mais l'habileté avec laquelle il se comporte en présence des faits naturels, utilisation des forces de la nature, précautions contre les faits accidentels, n'est qu'une forme d'utilitarisme. Si la solidarité n'a, par elle-même, comme le croit et comme le dit M. Duguit, aucune valeur morale, si elle n'est ni bonne ni mauvaise, chacun peut la concevoir ou l'utiliser au gré de son intérêt. L'homme assez clairvoyant pour apercevoir les liens, qui l'unissent à ses semblables, peut se dire : j'ai besoin des autres ; les autres ont besoin de moi ;

mon intérêt est de faire le moins et d'obtenir le plus, de me décharger sur les autres et de tirer d'eux le plus possible. Ce sera sa façon d'utiliser la loi de la solidarité. Comment ne pas reconnaître également que pour tirer de cette loi des conséquences toujours satisfaisantes, il faut comprendre la solidarité d'une certaine façon, faire un choix, éliminer certaines formes, en retenir d'autres. Lorsque une tribu de nègres se jette sur la tribu voisine pour la réduire en esclavage, sa victoire peut être considérée comme l'expression d'un fait de solidarité. Entre deux groupes d'égale importance numérique, le plus fort, celui qui peut asservir l'autre, c'est celui qui a, au plus haut degré, le sentiment de sa solidarité. Et la solidarité elle-même n'est pas l'unique fait naturel : la lutte pour la vie, l'inégalité de force et d'adresse sont aussi des faits naturels. Pourquoi ne pourraient-ils pas, au même titre, suggérer des règles de conduite ?

Ce qui nous paraît une autre illusion de M. Duguit, c'est l'importance qu'il attache à sa notion du droit objectif, son indifférence pour le droit subjectif. Pour lui, le droit est avant tout objectif, parce qu'il n'a pas sa source dans l'individu lui-même, mais dans un fait extérieur, le fait de la solidarité sociale (1). « De cette règle ne peut naître aucun droit subjectif, aucune obligation subjective, mais seulement un certain pouvoir, celui de vouloir une certaine chose

---

(1) *Dr. Constitutionnel*, p. 16.

avec certains effets... Et dans une langue exacte on
ne peut pas qualifier ce pouvoir de vouloir de droit
subjectif. Appelons-le pouvoir objectif, en précisant
bien ce que nous voulons exprimer par ce terme » (1).
Dans son *Traité de droit constitutionnel*, M. DUGUIT
consent à considérer comme un droit subjectif ce
pouvoir qu'a l'individu de vouloir effectivement un
résultat conforme à la règle de droit. « Le droit
objectif, dit-il, étant fondé sur la solidarité sociale,
le droit subjectif en dérive directement et logiquement. En effet, tout individu étant par le droit objectif obligé de coopérer à la solidarité sociale, il en
résulte nécessairement qu'il a le droit de faire tout
acte par lequel il coopère à la solidarité sociale et
d'empêcher que quiconque mette obstacle à l'accomplissement du rôle social, qui lui incombe » (2). Nous
ne nous arrêtons pas à ce que cette terminologie
peut avoir d'obscur, d'équivoque : nous retenons
seulement cette idée, c'est que le droit est avant tout
une règle objective, règle dont le respect est considéré à un moment donné par une société comme la
garantie de l'intérêt commun, et dont la violation
entraîne une réaction collective contre l'auteur de
cette violation » (3). Nous croyons bien plutôt, comme
l'observe M. GASTON RICHARD, que le droit subjectif
ne peut être considéré comme une notion insigni-

---

(1) *L'Etat*, t. 1, p. 144.
(2) *Dr. Constitutionnel*, p. 16.
(3) *Dr. Constitutionnel*, p. 1.

fiante et sans réalité sociologique : « C'est en lui que le droit objectif a sinon son fondement et sa condition, au moins, sa raison d'être. Le droit n'est objectif que dans la mesure où il est obéi » (1). Ce n'est pas la contrainte sociale qui donne au droit un cachet de légitimité et en assure le respect, — c'est le sentiment intérieur de l'agent qui l'invoque ou lui obéit. Ce sentiment intérieur, cette idée du droit est essentiellement subjective. — Ce qui a conduit M. Duguit à considérer la règle de droit comme objective, c'est le désir d'en finir avec la vieille notion du droit individuel, qui lui paraît hypothétique et basée sur un principe *a priori*. Mais cette notion était plus nécessaire qu'il ne le supposait, puisque après l'avoir écartée, il l'a reprise, recréée sous un autre nom. « L'homme vivant en société a des droits ; mais ces droits ne sont pas des prérogatives qui lui appartiennent en sa qualité d'homme ; ce sont des pouvoirs qui lui appartiennent, parce qu'étant homme social il a un devoir social à remplir et qu'il doit avoir le droit de remplir ce devoir » (2). N'est-il pas permis de penser que sous des différences apparentes c'est bien toujours l'ancienne doctrine. Pour M. Duguit, comme le dit M. Barthélemy (3), la solidarité n'est qu'une conception scientifique de la justice ; qu'on

---

(1) G. Richard. *Revue philosophique*, 1909, p. 317.

(2) *Dr. Constitutionnel*, p. 16.

(3) *Rev. du dr. public*, 1908, p. 159. M. Geny a fait la même observation. « Au vrai, ce droit objectif rappelle à s'y mépren-

remplace dans l'exposé de ses théories le mot de solidarité par celui de justice et le sens général ne sera pas changé.

C'est une forme intéressante de cet idéalisme inconscient dont nous avons cité d'autres exemples : M. Duguit est un pseudo-positiviste ; s'il réprouve l'arbitraire, la tyrannie des violents, l'oppression des faibles, c'est qu'il a en lui une foi qui s'ignore et qui peut-être un jour se révélera (1).

---

dre le vieux droit naturel, ce droit universel et immuable, source de toutes les lois positives, dont parlait le projet de Code civil de l'an viii. Toutefois, je ne doute guère que M. Duguit ne se récrie et ne proteste de toutes ses forces contre un pareil rapprochement. » (*Rev. crit. de législation*. 1901, p. 508). Conf. MM. Hauriou et A. Mestre. Analyse du livre de M. Duguit sur l'État. *Rev. de droit public*, 1902, p. 358. « Voilà les dogmes du positivisme scientifique et voilà leurs conséquences : ils constituent l'état d'esprit de toute une génération qui s'est laissée piper par Spencer et Hœckel. Ajoutons-y un certain optimisme naturel, un sentimentalisme généreux et nous reconstituerons *l'a priorisme* évident, qui à son insu a dirigé M. Duguit. »

(1) « Avec la même sincérité loyale et désintéressée, qui lui a fait abandonner la doctrine organiciste et l'identifiation des phénomènes sociaux avec les phénomènes physiques ou biologiques, le verrons-nous confesser quelque jour que dans l'ordre des sciences sociales la métaphysique a sa place nécessaire à côté de l'observation des faits, que le devoir ne saurait résulter du seul savoir et que le droit ne trouve une base véritablement objective que dans les profondeurs de la conscience morale. » (Geny. *Rev. crit.*, 1901, p. 510).

XII

CONFLITS DE LA LOI ET DE LA CONSCIENCE INDIVIDUELLE

Les partisans des droits naturels ont aujourd'hui une moindre tendance à opposer la conscience individuelle à la conscience collective, l'individu à l'État. La notion de l'individualisme a changé : elle est modifiée, renouvelée par l'idée de solidarité. Le concours des autres hommes apparaît nécessaire au développement du moi. Pourtant le conflit ne peut pas toujours être évitée et prend immédiatement un caractère aigu, presque tragique. On en a vu de trop nombreux exemples au cours de ces dernières années.

Le service militaire a pris presque partout un caractère obligatoire : la loi n'admet pas d'exception. Que fera celui, à qui sa conscience et ses principes religieux interdisent de porter les armes, qui considère la guerre comme un meurtre ordinaire, comme un crime ?

L'armée intervient fréquemment dans les grèves : la discipline militaire ne comporte pas de conditions ;

incorporé dans l'armée, l'ouvrier n'est plus qu'un soldat comme un autre. Il peut être appelé dans une grève à marcher contre des hommes qui pensent comme lui, qui ont les mêmes intérêts que lui ; il se peut qu'il les connaisse, que ce soient ses amis, ses parents. S'il reçoit l'ordre de tirer sur eux, faudra-t-il donc qu'il obéisse ?

Les difficultés soulevées par l'exécution des mesures de politique religieuse ont suscité des situations, des crises de conscience douloureuses. L'officier qui a des sentiments religieux, qui regarde comme une profanation la violation d'un édifice consacré au culte, reçoit l'ordre de faire briser les portes d'une Église. Que doit-il, que peut-il faire (1) ?

Qui doit l'emporter dans tous ces cas où le conflit s'établit entre la conscience et la loi ? Qui sera juge de ces conflits ?

Avant d'examiner le problème, on ne peut faire abstraction du passé : il n'est pas sans intérêt de se demander comment se sont comportés les hommes d'autrefois, quelles doctrines ont été formulées.

I. — Les anciens ne paraissent pas avoir connu ce dédoublement de la personnalité. L'individu appar-

---

(1) La question si discutée du droit de grève des fonctionnaires nous paraît une question du même ordre. La condition du fonctionnaire est réglée par la loi ; le fonctionnaire qui se met en grève se révolte contre la loi. Mais cette révolte ne peut-elle pas dans certains cas se justifier ?

tient tout entier à son groupe, à sa famille, à sa cité, qui peut disposer de ses biens, de sa liberté, de sa vie, de son honneur, régler et dicter sa croyance. Même injustement condamné, il doit se soumettre et respecter la toute puissance de la loi. Quand CRITON offre à SOCRATE le moyen de s'enfuir en Thessalie, le maître refuse, se tenant pour obligé de subir la peine que les magistrats ont portée contre lui. Nous avons vu que le Christianisme oppose pour la première fois l'individu à l'État, la conscience à la loi. C'est pour obéir à leur conscience que les chrétiens bravent la loi de l'État et se condamnent au martyre. Les persécutions exercées au nom de l'orthodoxie ont aussi leurs martyrs : partout où la majorité religieuse, appuyée sur le pouvoir séculier, veut imposer sa croyance à la minorité, celle-ci invoque le droit de sa conscience et résiste. Elle est persécutée parce qu'on croit l'unité religieuse indispensable à l'unité de l'État.

La question du droit de révolte est ardemment discutée par les philosophes et les théologiens. La plupart admettent l'existence de ce droit fondé sur une clause tacite du *pactum subjectionis*, qui lie les sujets au souverain. Si le souverain viole ses obligations, le contrat ne s'exécute plus et peut être résolu : le roi peut être déposé. Quelques-uns même comme HUBERT LANGUET, MARIANA admettent la légitimité du meurtre du tyran. Mais la majorité s'arrête au droit de révolte, et dans cette majorité même, la plupart n'autorisent que la résistance collective.

Avant le *pactum subjectionis*, c'est à la nation qu'appartient la souveraineté : elle seule peut la revendiquer (1).

Entre ces opinions opposées, l'Église s'abstient de prendre parti. En principe, elle considère tout pouvoir temporel comme respectable, parce qu'il vient de Dieu. L'Encyclique *mirari vos* de Grégoire XVI (15 août 1832) et le Syllabus accompagnant l'Encyclique *quanta cura* de Pie IX (8 décembre 1864) condamnent le droit de révolte (2). Mais il est généralement admis que ces propositions n'excluent pas dans les cas extrêmes la légitimité du droit de révolte. Dans l'Encyclique *Libertas* de Léon XIII (20 juin 1888), il est écrit que «l'Église ne condamne pas non plus que l'on veuille affranchir son pays ou de l'étranger ou d'un despote, pourvu que cela puisse se faire sans violer la justice » (3). En réalité, comme

---

(1) Dans le *Vindiciæ contra tyrannos* attribué à Hubert Languet, ce sont les représentants du peuple, c'est-à-dire les grands officiers de la couronne qui peuvent seuls veiller à l'observation du *pactum subjectionis* et au besoin provoquer la déposition du roi par l'assemblée des trois ordres. Conf. Atger, *Histoire des doctrines du Contrat social*, p. 118.

(2) La proposition condamnée est ainsi formulée : « Il est permis de refuser l'obéissance aux princes légitimes et même de se révolter contre eux. » Proposit. LXIII.

(3) « Neque illud Ecclesia damnat velle gentem suam nemini servire nec externo nec domino, si modo fieri, incolumi justitia, queat. »

le dit Balmès (1), l'Église n'approuve ni ne condamne formellement aucune des thèses intermédiaires. Ainsi la question reste abandonnée aux discussions des canonistes. Ceux-ci distinguent plusieurs formes de résistance, passive, défensive, agressive. La résistance passive consiste à refuser d'exécuter volontairement la loi, mais à se soumettre à la force : elle est unanimement considérée comme légitime (2). La résistance défensive oppose la violence à la violence : ici encore l'unanimité dans l'approbation est à peu près complète (3). Quant à la résistance agressive, c'est l'offensive organisée contre l'injustice, à proprement parler l'insurrection. C'est celle qui naturellement suscite le plus de controverses : l'opinion dominante c'est qu'elle ne peut être admise que comme ultime moyen, « *ultimum remedium* » (4).

---

(1) « L'Église s'est abstenue de condamner aucune des doctrines opposées. » Balmès. Le Protestantisme comparé au Catholicisme. Paris, 1834. 3e vol., p. 214.

(2) « Verum ubi imperandi jus abest, vel si quidquam præcipiatur rationi, legi æternæ, imperio Dei contrarium, rectum est non parere scilicet hominibus, ut Deo pareatis. » Encyclique *Libertas* de Léon XIII, 20 juin 1888.

(3) V. la 4e instruction du chanoine Janvier. Des droits de la conscience vis-à-vis de la loi injuste. Conférences de Notre-Dame-de-Paris, 7e année, no 7. Carême de 1909, p. 54.

(4) Empruntant et développant un argument de Saint Thomas, le chanoine Janvier s'exprime ainsi : « La sédition est

Poussée à sa dernière limite, la doctrine sur le droit de résistance justifie le meurtre du tyran. On sait avec quelle passion cette question du tyrannicide a été discutée à certaines époques de notre histoire. Pendant la Ligue, ce sont les écrivains catholiques, tout au moins les plus exaltés d'entre eux, qui prêchent le meurtre du tyran (1).

Après la Saint-Barthélemy, les écrivains protestants revendiquent le droit d'insurrection, mais la plupart d'entre eux refusent d'excuser le régicide, ou tout au moins comme THÉODORE DE BÈZE, ne l'excusent qu'autant qu'il s'agit d'un tyran sans titre (2).

Toutes ces doctrines, au commencement de la Révolution, constituent comme autant de précédents : le moment venu, on saura les invoquer. Parmi les droits qu'énumère l'article 2 de la première déclaration des droits de l'homme figure, après la liberté,

---

la révolte contre le bien, et en ces extrémités dont je parle, le vrai séditieux, c'est le pouvoir qui use de sa force pour arracher les âmes au respect de la vérité, de l'ordre, de la justice, ce n'est pas la communauté qui lutte en vue de sauver son honneur, sa dignité et sa vie. » (*Loc. cit.*, p. 54). Conf. Summa theologica S* Thomœ « Magis autem tyrannus seditiosus est, qui in populo sibi subjecto discordias et seditionem nutrit, ut citius dominari possit. » (Secunda secundœ partis articulus II, conclusio questionis XLII. Lyon 1677, p. 94.)

(1) DOUARCHE. De tyramicidio apud scriptores XVIe seculi (thèse latine), 1888.

(2) Du *Droit des Magistrats sur leurs sujets.* — Conf. DUGUIT. *Droit constitutionnel*, p. 678.

la propriété, la sûreté, — *la résistance à l'oppression.*
Sur le caractère et la portée de ce droit de résistance,
on ne s'explique ni dans la Déclaration, ni dans la
Constitution de 1791, ni dans les discussions qui les
ont précédées.

La Déclaration des droits placée en tête de la
Constitution du 24 juin 1793 se montre plus expli-
cite (1). Mais des textes qui visent la résistance à
l'oppression, un seul (l'art. 35) est assez général pour
qu'on puisse considérer que l'oppression résulte de
toute atteinte même légale au respect des droits de
l'homme. Encore n'est-ce pas dit très nettement. Les
autres dispositions envisagent le cas où l'oppression
résulte de mesures arbitraires, c'est-à-dire contraires
à la loi. Tout donne à penser que la Constitution
n'admet pas volontiers qu'ils puisse y avoir des cas où
la résistance à la loi est un droit légitime (2).

---

(1) « Art. 11. Tout acte exercé contre un homme hors des cas
et sous les formes que la loi détermine est arbitraire et tyrannique ; celui contre lequel on voudrait l'exécuter par la violence a le droit de le repousser par la force. — Art. 32. La résistance à l'oppression est la conséquence des autres droits de
l'homme. — Art. 33. Il y a oppression contre le corps social
lorsque un seul de ses membres est opprimé. — Art. 35. Quand
le gouvernement viole les droits du peuple, l'insurrection est
pour le peuple et pour chaque portion du peuple le plus sacré
des droits et le plus indispensable des devoirs. »

(2) « Art. 10. Tout citoyen appelé ou saisi par l'autorité de
la loi doit obéir à l'instant ; il se rend coupable par la résistance. »

Dans quelle mesure le droit de résistance est-il encore aujourd'hui reconnu ? Pour répondre à cette question, il y a lieu de distinguer deux sortes de cas, le cas où la mesure est illégale, celui où la résistance est opposée à une mesure légale, mais tenue pour inique.

Et d'abord, la loi et la jurisprudence accordent une certaine protection aux citoyens lésés par une violation de la loi, alors même que cette violation est le fait des agents de l'autorité. Si ce fait est un fait personnel, c'est-à-dire, si par malveillance, par passion, l'agent est sorti de sa fonction, il engage sa propre responsabilité et s'expose à des dommages-intérêts. Si ce fait est une faute de service, il peut donner lieu à la responsabilité de l'Administration, mais cette responsabilité affecte, à divers égards, un caractère exceptionnel. Ainsi, une condamnation injuste n'engage la responsabilité de l'État, qu'autant que l'innocence du condamné a été reconnue par un jugement ou par un arrêt de révision (1). S'il n'y a pas eu de condamnation prononcée, par exemple en cas d'ordonnance de non-lieu ou d'acquittement prononcé par la juridiction saisie, le dommage causé par une instruction égarée ou téméraire ne peut donner lieu à une réparation. Contre les prescriptions réglementaires de l'autorité publique, subsistent deux sortes de

---

(1) Art. 445. Code Instr. Criminelle modifié par la loi du 8 juin 1895.

protection. L'infraction n'est pas punissable si le règlement n'a pas été légalement pris (1) ; l'incompétence ou la violation de la loi donne ouverture à un pourvoi pour excès de pouvoir devant le Conseil d'État.

En dehors de ces moyens de droit, peut-on résister par la force aux agents de l'autorité agissant en violation de la loi ? Le Code pénal de 1791 (2), ne qualifiait de rébellion la résistance opposée à un dépositaire de la force publique qu'autant que cet agent lui-même avait agi légalement dans l'ordre de sa fonction. Certains Codes, par exemple le Code allemand, le Code hongrois (3), le Code italien (4), subordonnent encore aujourd'hui l'existence du délit de rébellion au caractère légal de l'acte accompli par le représentant de l'autorité. L'article 209 du Code pénal français évite de s'expliquer nettement et considère comme rébellion toute résistance avec violence et voies de fait envers les agents de la police administrative ou judiciaire, agissant pour l'exécution des lois, des ordres ou ordonnances de l'autorité publique, des mandats de justice ou jugements. Il ne se prononce pas sur le point de savoir si les

---

(1) Art. 471.

(2) 2e par., tit. 1er, sect. IV, art. 1.

(3) Conf. GARRAUD. *Traité de droit pénal*, t. 3e, p. 524, note 32.

(4) C. pénal d'Italie (art. 192) et la note de la traduction Lacointa.

ordres donnés aux agents d'exécution doivent être
réguliers, conformes à la loi. Cette incertitude peut
autoriser deux sortes d'interprétation. Pour les uns,
la distinction ne pourrait résulter que du texte ; or,
le texte ne la fait pas ; la légalité des actes d'autorité peut se discuter judiciairement, mais le refus
d'obéissance, le recours à la violence, ne sont permis dans aucun cas. En sens contraire, on peut prétendre que le Code n'a pas entendu condamner par
simple prétérition une tradition ancienne. Avant la
Révolution, sous un régime qui comportait tant d'arbitraire, on reconnaissait pourtant que, dans certains cas, on pouvait opposer la violence aux agents
de l'autorité agissant d'une manière illicite (1). Assez
souvent, les Cours d'appel ont décidé qu'une résistance à des actes illégaux n'était pas punissable (2).
La Cour de Cassation s'est montrée plus réservée,
peu disposée à consacrer ouvertement ce droit de
résistance ; cependant, dans certains cas, elle n'a
pas refusé d'admettre qu'on ne pouvait pas considérer comme rébellion une résistance opposée à des
actes illégaux (3). Mais c'était toujours dans des cas
d'illégalité flagrante ; par exemple, les agents aux-

_____

(1) Jousse, *Tr. de la Justice criminelle*, t. 4., p. 79 et 80.

(2) Lyon, 10 juin 1824. — 24 août 1826. Riom, 4 janvier 1827.
— Limoges, 28 février 1838. (S. 1838-2.300).

(3) Cass. 7 avril 1837. S. 1838-1.641. 25 mars 1852. Bull. crim.,
p. 108.

quels on avait fait résistance, n'étaient nantis d'aucun mandat.

On peut rapprocher des atteintes aux droits des personnes les actes illégalement accomplis sur les choses. La question s'est présentée à l'occasion des mesures prises contre des propriétés privées occupées par des congrégations religieuses. Après l'expulsion de ces congrégations, le commissaire de police avait apposé les scellés. Le propriétaire qui brisait les scellés commettait-il un délit ? Certains arrêts ont refusé de l'admettre (1), la Cour de cassation s'est prononcée en sens contraire (2). Il est assez difficile de savoir si la Cour a condamné indistinctement toute résistance aux actes de l'autorité publique, — ou seulement si elle a considéré que dans l'espèce l'apposition des scellés n'avait rien d'illégal. En général on soutient, comme le faisait autrefois BARBEYRAC (3), que pour échapper à l'application d'une peine, il ne suffit pas que l'acte auquel on oppose une résistance soit illégal ; il faut que cette illégalité soit intolérable et manifeste. C'est un *critérium* bien incertain. Déjà il est moins aisé qu'on ne pourrait le croire de reconnaître l'illégalité. Presque toujours

---

(1) Rennes, 27 octobre 1902. *Gaz. des Trib.*, 30 octobre 1902. — Chambéry, 4 octobre 1902. *Gaz. des Trib.*, 22 octobre 1902.

(2) Cass., 28 novembre 1902, 26 décembre, 2 janvier 1903. S. 1904, I. 59 et la note de M. CHAVEGRIN.

(3) Note sur GROTIUS. Ed. 1759, t. I, p. 171, note 4, § 2.

l'illégalité se déguise habilement sous une apparence de droit, se réclame des textes, les invoque ou les élude par de subtiles distinctions. Il est encore plus difficile d'apprécier la gravité de l'acte illégal. « Quand dans une espèce donnée, dit M. Chavegrin (1), la violation du droit est certaine et qu'on se demande si elle a été intolérable, la réponse change avec le temps et les hommes. La lecture des auteurs montre jusqu'où vont leurs variations, et les décisions des tribunaux ne sont pas mieux assurées. »

On peut donc dire qu'en fait la résistance opposée à la violation de la loi est rarement considérée comme légitime : c'est un acte de courage, qui comporte un assez gros risque. Plus périlleuse est encore la situation de celui qui, par un motif de conscience, refuse d'obéir à la loi. Si cette loi a une sanction, cette sanction est nécessairement encourue. Tout au plus, le motif du délit peut-il être retenu comme une circonstance atténuante.

En général, dans des groupes très solidaires, très unifiés, ce refus de se soumettre à la loi par raison de conscience commence par causer plus d'étonnement que de colère. Il n'est pas rare qu'à l'origine ces actes ne soient pas réprimés ou le soient très doucement. Pendant la Révolution des anabaptistes d'Alsace avaient envoyé des délégués à la Convention pour exposer que leur religion leur défendait de porter les

---

(1) Sirey. *Loco cit.*, p. 59, col. 1.

armes : à la suite de cette démarche, un décret du Comité de Salut public « invite les autorités compétentes à employer de préférence les hommes de cette secte au service du charroi ou même à les exonérer à prix d'argent » (1).

Dans certains pays, en Suisse, en Suède, en Norvège et même en Allemagne, on n'a pas exercé de poursuites contre ces sortes de réfractaires ; on s'est borné à les affecter à des services auxiliaires non armés. Sans doute, on a considéré que ces cas étaient extrêmement rares, que des peines sévères paraîtraient excessives, attireraient l'attention, exciteraient la pitié. En France, on n'a pas cru pouvoir admettre d'exception : dans les cas qui se sont présentés, les jeunes gens qui refusaient de prendre les armes ont été traduits devant le Conseil de guerre, condamnés pour refus d'obéissance, renvoyés au régiment après l'expiration de leur peine, et quand leur résistance se prolongeait, poursuivis et de nouveau condamnés.

La situation paraissait sans issue ; il fallait bien pourtant qu'on finît par en sortir. Après une soumission au moins apparente, intervenait un compromis, la mise en réforme, l'envoi dans un corps auxiliaire. Le seul avantage de ces condamnations était de décourager les simulateurs : mais peut-être ne com-

---

(1) Communication de M. KELLERMANN au 2e Congrès National des Sociétés françaises de la Paix. Compte rendu des séances. Nîmes, 1904, p. 46.

pensait-il pas le mal causé par une peine que le sentiment public réprouvait, et qui semblait à la fois
maladroite et trop rigoureuse. Il n'est pas douteux
cependant qu'on eût eu recours à une répression
énergique si ces cas de résistance s'étaient multipliés et avaient créé pour la nation un danger véritable. Dans ces conditions tout groupe menacé se
défend, avec une vigueur extrême (1), jusqu'au jour
où parfois, par une sorte de contagion, la résistance
des consciences individuelles modifie la conscience
publique : la répression est impuissante ; dans la
lutte engagée, la conscience l'emporte sur la loi.

II. — Il convient maintenant d'envisager le problème en lui-même. A première vue, il apparaît
comme insoluble. Sacrifier la loi à la conscience individuelle, c'est ruiner l'autorité de la loi, c'est permettre à chaque citoyen de se faire juge de ce qu'il doit,
de ce qu'il peut concéder, c'est établir une espèce de
liberum veto, toute loi demeurant soumise à la rati-
fication de ceux qui lui doivent obéissance, chacun
restant libre de refuser cette obéissance et de considérer la loi comme attentatoire à la conscience et
violant les droits naturels. C'est un régime exclusif
de tout gouvernement. Évidemment, on trouvera
toujours nombre de personnes qui penseront ou fein-
dront de penser que la loi est illégitime, qu'elles ne

---

(1) Ainsi les tentatives de fédéralisme sont impitoyablement
réprimées, dans les pays dont l'unité est constituée.

sont pas tenues de la respecter. Souvent, une raison de conscience ne fera que masquer une raison d'intérêt. Par contre, il ne semble pas moins grave de subordonner la conscience à la loi, qui n'est plus alors qu'un instrument de tyrannie. Non seulement le citoyen est injustement opprimé, mais la loi perd son point d'appui, en blessant le sentiment qui la rend respectable. Une loi qui méconnaît des droits de la conscience cesse d'être une règle juridique ; elle n'est plus qu'une « force aveugle et despotique » (1).

Le conflit est en apparence insoluble : en réalité, il y a beaucoup de conflits semblables que la logique des concepts ne résout pas, mais auxquels il faut coûte que coûte que la vie donne une solution. Chacun de nous parvient à concilier plus ou moins le sentiment et la raison, la science et la croyance, la liberté et l'obligation morale, les devoirs envers sa patrie, les devoirs envers l'humanité. Comme le dit M. BOUTROUX (2), « il y a une autre logique que la logique proprement dite ou logique des concepts ; il y a la logique de la vie, de la réalité, de la nature, de la raison, au sens plein et concret du mot. Pendant que la dialectique démontre, avec la facile clarté de son langage spatial, l'impénétrabilité réciproque

---

(1) BOUTROUX. La conscience individuelle et la loi. *Revue de métaphysique et de morale*, 1906, p. 14.

(2) *Loco cit.*, p. 10.

de l'un et du multiple, du même et de l'autre, la nature se plaît à les réunir dans ses créations ».

Au surplus, comme le fait encore observer M. Bou-TROUX, la conscience et la loi constituent des notions plutôt solidaires qu'opposées. Elles se complètent et se soutiennent réciproquement. Qu'est-ce qu'une loi qui méconnaît les droits de la conscience ? Qu'est-ce qu'une conscience qui ne sent pas la nécessité de se soumettre à la loi, de faire un sacrifice à l'ordre et au bien commun. On ne doit pas se représenter la conscience comme une forteresse, comme un asile inaccessible à la loi ; — la loi comme une souveraineté située dans un autre domaine. « Si habilement que soit faite la délimination des deux domaines, elle restera artificielle. L'homme est un comme le monde où il vit. Conscience et loi sont deux créations de l'esprit, non deux choses préexistantes et impénétrables. Regardez à travers les métaphores, cherchez le réel derrière l'abstrait et le scolastique, et vous verrez la loi et la conscience se mêler et se déterminer l'une par l'autre. Là est la clef de l'histoire, là est la logique véritable, celle de la vie et de la raison, et non plus de la simple dialectique » (1).

Il faut donc s'efforcer de « maintenir, favoriser, le mieux possible cette pénétration ». Il faut à la fois contribuer à l'affermissement, au développement de l'esprit de légalité, faire aimer et respecter la loi, —

---

(1) BOUTROUX. *Loco cit.*, p. 15.

aimer et respecter la personnalité humaine, la préserver de toute oppression, ne porter aucune atteinte à sa dignité. Le devoir consiste à prendre suivant les circonstances la défense de l'une ou de l'autre. « Si la cohésion de la communauté est menacée ; c'est à la maintenir qu'on doit tendre ; — si la dignité de la conscience est en péril, il faut travailler à la relever » (1).

N'est-il pas permis d'espérer qu'un temps viendra où cet équilibre sera définitivement obtenu, — où les deux notions seront intégrées l'une dans l'autre, — où l'on sentira que la conscience et la loi, loin de se contredire, se prêtent un mutuel appui.

---

(1) BOUTROUX. *Loco cit.*, p. 15.

CONCLUSION

—

Nous avons essayé de montré pourquoi et comment il y a eu une Renaissance du droit naturel. L'affirmation du droit naturel ou plus exactement de l'idéalisme juridique nous a paru la seule solution de la crise de la philosophie du droit. Cette crise résulte de l'impossibilité de justifier rationnellement, scientifiquement l'idée du droit, et de l'insuffisance des expédients, des procédés empiriques, qui enlèvent à cette notion tout son contenu moral. Si l'on ne peut ni justifier cette idée, ni se passer d'elle, on n'échappe à cette contradiction qu'en faisant un acte de foi. L'idée du droit est acceptée comme une croyance, comme une donnée du sentiment. Il se peut qu'il y ait dans cette conception une part de pragmatisme, mais de pragmatisme mitigé, soumis au contrôle de la raison : ici la raison ne contredit pas le sentiment ; il n'y a pas désaccord entre l'une et l'autre.

L'idée du droit naturel est donc autrement conçue qu'elle ne l'était jadis : elle s'appuie sur une autre base ; en même temps, elle subit certaines transformations. Elle se concilie avec l'idée d'évolution, avec l'idée d'utilité. Elle perd son caractère absolu, immuable ; elle n'a qu'un contenu variable. Elle tient compte de l'interdépendance de l'individu et de la collectivité : elle tend ainsi à rapprocher la conscience individuelle et la loi, au lieu de les opposer.

En se transformant, l'idéalisme juridique ne s'est pas affaibli : il s'est au contraire consolidé et élargi.

TABLE DES MATIÈRES